CALLWEY

Beate Bühl

Das Haus

Bäder

Planen, umbauen, neu gestalten

Inhaltsverzeichnis

Welches Bad wünschen wir uns?

Wählen Sie: brav oder flippig, kühl oder wohnlich, edel oder fröhlich bunt

Wer mehr als ein Drittel seines Jahreseinkommens in ein neues Bad investiert, mag sicher nicht jeder Mode nachlaufen: Die meisten Bauherren und Renovierer entscheiden sich für Sanitärobjekte in neutralem Weiß. Und dann? Viele Paare würden Becken, Wanne und WC am liebsten in getrennte Bäder einbauen. Er etwa striche die nackten Wände betongrau, entschiede sich für einen Boden aus dunklem Holz und einen durchdachten Möbelsolitär – die typischen Requisiten für ein cooles Designerbad. Sie hingegen gäbe vielleicht dem romantischen Landhausstil den Vorzug mit Musterfliesen, charmantem Schnickschnack und Sprossen in den Fenstern.

Stilfragen So unterschiedlich die Menschen, so individuell die Wünsche und das Bad, das zu ihnen passt. Die Kombination charakteristischer Farbtöne und Formen, Materialien und Accessoires macht eine Allerwelts-Ausstattung zu einem persönlichen Refugium. Finden Sie heraus, wozu Sie tendieren und was Ihre bessere Hälfte davon hält. Auf den folgenden Seiten finden Sie Beispiele von klar bis üppig – und Tipps, wie Sie die Stilrichtung in Ihrem Raum mit einfachen Mitteln hinbekommen. Wenn Ihre Stilvorstellungen klarer geworden sind: Lassen Sie sich von Fachleuten beraten, ob und wie sich die Träume in Ihrem Badraum bau- und sanitärtechnisch realisieren lassen.

Zen-Bad: Asiatische Lehren erzählen vom Energiefluss durch die stille Schönheit der Dinge. Das Geheimnis des Glücks liegt in der Genügsamkeit: Sparsame Möblierung und neutrale Töne von Fels und Kies erzeugen im Raum die »große Leere«, sie bereitet Erleuchtung und Wohlbefinden den Weg.

Nostalgisches Edelbad …

Man baut nur einmal im Leben, da darf es schon etwas Besonderes sein – finden jedenfalls Sie. Manchmal machen Sie sich Sorgen, wohin die Welt noch steuert, und setzen dem schnellen Wandel etwas entgegen: Werterhalt.

Man hält Sie für konservativ, Sie nennen es traditionsbewusst – ein herrschaftliches Bad wie zur Jahrhundertwende könnte Ihnen gefallen. Auch wenn der Grundriss Ihres Raums ganz anders aussieht, lässt es sich im Nostalgie-Stil einrichten.

Einbauten Sie brauchen eine Badewanne auf Löwenklauen und ausladende Waschbecken mit opulenten Siphon-Schürzen und Kreuzgriff-Armaturen sowie WC und Bidet als Standmodelle mit hölzernem Deckel. Wandvertäfelung aus Holz und Spiegelglas gehört ebenso zur stilechten Einrichtung wie Bilder und ein schwerer Teppich – hygienischer und leichter zu pflegen allerdings ist ein gemustertes Fliesenrechteck, das ihn nur andeutet.

Accessoires Früher verhüllte kunstvoll drapierte Seide die Fenster, heute darf es preiswerterer Stoff aus Taft oder Leinen sein. Handtücher mit Monogramm und Arrangements aus Blüten, Flakons und Kerzen auf Fensterbänken und Tischchen runden das Raumkonzept ab.

Betreten wir einen Raum, strahlen uns sofort seine Farben an. Die Sehnerven leiten die Information ans Gehirn, es ruft blitzschnell Erinnerungen wach und entscheidet über unsere Stimmung. Jeder Mensch hat seine persönliche Gute-Laune-Farbe, sie entspricht der Lieblingsjahreszeit. Um Ihre herauszufinden, wandern Sie in Gedanken einen Sandstrand entlang und durch raschelndes Laub, knirschenden Schnee und eine blühende Wiese – wo haben Sie am zufriedensten gelächelt? Der Sandstrand-Sommertyp gelangt durch Blau zu innerer Harmonie, der Laub liebende Herbst-Typ braucht Rot, um Energie zu tanken. Den Winter-Typ bringt Weiß in Schwung, den Frühlings-Typ Schattierungen von Grün und Gelb.

Einbauten Perfekt gestylte Ton-in-Ton-Bäder langweilen die Sinne, kunterbunte überfordern sie. Suchen Sie für die großen Flächen von Wand und Boden eine Grundfarbe aus und ergänzen sie mit einer bis zwei Begleitfarben. Helle Töne lassen kleine Bäder großzügiger aussehen – wer farbtypmäßig nach allen Seiten offen ist, lässt Dauerfrühling in sein Bad einziehen und taucht die großen Flächen von Wand und Boden in Grün und Gelb. Grün ist die Hoffnung, sagt der Volksmund – die Farbe weckt Zuversicht, dass der Tag gelingt. Gelb nimmt Grün die Kühle, wärmt die Seele und vertreibt sogar Gänsehaut: In einem Badezimmer mit »warmen« Farben reicht Stellung 2 am Heizkörperventil statt 3. In belebender Umgebung verhindern schlichte Sanitärobjekte Reizüberflutung, glatte Oberflächen vertreiben düstere Gedanken an Putzorgien ebenso wie das wandhängende WC, das dem Wischmopp freie Bahn lässt. Wasserrohre für Wanne, Waschbecken und Toilette verlaufen vor der Wand statt darin, verstecken sich in Montage-Kästen – sie laden zu munteren Farbspielen ein.

Accessoires Schränke oder Regale aus Holz sowie Fensterrollo, Zierrat und Handtücher in Erd-, Pflanzen- und Sonnenfarben unterstützen das Frühlingsgefühl Tag für Tag.

...oder frischer Fittermacher...

Ohne Sonnenschein, Radiogedudel und einen starken Kaffee kommen Sie morgens nicht um die Kurve? Morgenmuffel überlisten sich selbst: Kräftige Farben kurbeln den Kreislauf an – wenn sie zu Ihrem Naturell passen.

... oder ein Bad wie im Süden...

Unser Wetter geht Ihnen oft auf die Nerven. Später, so träumen Sie, ziehen Sie in die Toscana oder kaufen sich eine Finca auf Mallorca.

Sie brauchen Wärme und sehnen sich nach mehr Einfachheit – was nicht heißt, dass Sie was gegen Komfort hätten. Aber Ihr Geschmack ist eher bodenständig, und Sie fassen gern an: Ihr Leben, Menschen – und Materialien. Am liebsten Ursprüngliches wie Holz, Stein, rauen Putz.

Einbauten Sie lieben die sonnengebleichten Pastellfarben, die typisch sind für die Länder am Mittelmeer – streichen oder fliesen Sie die Wände ockerfarben, lichtblau oder in einem Rosaton. Ein kühler Steinfußboden ist stilecht, in unseren Breitengraden sollte ihn aber eine Flächenheizung temperieren. Schnelle Wärme liefert ein Heizkörper – quer als Raumteiler montiert, sieht er aus wie ein unverkennbarer südländischer Fensterladen.

Accessoires Wenn die Sonnenstrahlen bei uns schon mal ins Bad lugen, sollen sie sich wenigstens verdoppeln – in einem wandbreiten Maxi-Spiegel bis zur Decke.

.... oder cooles Designerbad...

Tagsüber sind Sie gefragt, abends haben Sie nur noch einen Wunsch: abschalten und wieder zu sich finden. Das gelingt Ihnen am besten, wo das Auge Ruhe findet an formaler Haltung und die Nerven sich abkühlen können an sachlichen Materialien wie Beton und Glas.

Sie arbeiten viel, gönnen sich Markenkleidung und sind feinen Genüssen aufgeschlossen. In Zeitschriften und unter Freunden informieren Sie sich, was angesagt ist – und stellen sich dann Ihre ganz persönlichen Kombinationen zusammen.

Einbauten Ihre Wanne muss groß sein für zwei – auch wenn Sie (momentan) alleine leben. Zum Duschen zwängen Sie sich gewiss in keine Spar-Kabine – Sie schreiten in einen weitläufigen Brausebereich hinter klaren Scheiben oder ein Multifunktionscenter mit raffinierter Brause- und Dampftechnik. Der Waschtisch darf ausladend und streng sein, die Armaturen hintersinnig durchdacht und aus glänzendem oder matt gebürstetem Edelstahl. WC und Bidet müssen sehr klare Formen aufweisen und einen Deckel, den eine Mechanik stufenlos und sanft hebt und senkt.

Accessoires Als Möbel kommen maßgefertigte Einbauten in Frage oder trendige Einzelstücke – Hauptsache, ohne Schnörkel.

... oder ein Landhausbad...

Finden Sie den Alltag zu hektisch, träumen von Ruhe und Harmonie? Landhaus-Charme passt auch in die Stadtwohnung.

Wahrscheinlich genießen Sie das Landleben längst. Und selbst wenn Sie, wegen Job oder Familie, in der City wohnen: Im Grunde Ihres Herzens möchten Sie nach außerhalb. Auf dem Land scheint Ihnen alles freundlicher – die Menschen, ihre Häuser und ihr Lebensgefühl. Glücklicherweise braucht man für den Landhausstil keinen Gutshof. Ländlich baden, das geht auch im fünften Stock.

Einbauten Die richtige Stimmung bringen Becken, die aussehen wie Porzellan von früher, mit herrlich altmodischen Wasserhähnen. Sprossenfenster sind ein Muss – wo man kein echtes einbauen kann, klebt man aus schmalen Profilleisten eine Unterteilung auf.

Accessoires Die Farbe Weiß symbolisiert Reinheit und ländliche Unschuld; buckliger Wandputz, unperfekter Holzboden und Möbel mit Gebrauchsspuren zeugen von Lässigkeit – neue Stücke lassen sich mit Lack, Lappen und feinem Schmirgelpapier auf alt trimmen.

Am liebsten würden Sie sich den ganzen Tag draußen aufhalten – im Garten oder Wald. Leider nicht möglich, also holen Sie sich ein Stück Natur ins Bad.

Einbauten Boden und/oder Wand sollten aus »gesundem« Material gefertigt sein. Heimische Laub- und Nadelbäume vertreiben Technikkühle, Tropenholz verbreitet dezente Eleganz. (Fertig-)Parkett lässt man von einem Fachhandwerker verlegen, er massiert Wachs auf versiegeltes Holz oder trägt eine zweite Schicht auf geölte Bretter – so widersteht das Naturmaterial Spritzern aus Wanne und Dusche. Preiswertere Alternative: Laminat im Holz-Look. Den Belag aus Trägerplatte und versiegeltem Musterpapier gibt es für Feuchträume mit wasserfest ausgerüsteten Fugen.

Accessoires Ein bisschen Deko macht das Bad noch persönlicher, weiße Sanitärgegenstände vertragen im Zusammenspiel mit Holz alle Farben – das Bad wird stets harmonisch aussehen.

... oder ein Bad mit viel Holz ...

Das Leben ist hart genug, finden Sie – und bevorzugen weiche Linien und natürliches Zubehör, um mit allen Sinnen zu genießen? Das Unverfälschte gibt Ihnen Kraft, Boden und Möbel aus Buche & Co streicheln Ihre Seele.

... oder ein Wohnbad...

Könnte es Ihnen gefallen, die Grenze zwischen Bett und Wanne zu öffnen? Voraussetzung: Die Kinder haben ein eigenes Bad oder sind schon aus dem Haus.

Sanitärhersteller entwickeln Produkte für die neue Zielgruppe »Best Ager«, Leute ab 50: Konto gepolstert, Kinder flügge – jetzt sind wir dran. Sie erfüllen sich den Wunsch nach mehr Komfort, für jetzt und später. Auch viele Jüngere erwärmen sich für ein Schlafbad. Darin stehen Schulter an Schulter Bett und Schrank, Waschtisch und Wanne. Die Bereiche sind nur optisch voneinander getrennt durch unterschiedlichen Bodenbelag oder drapierten Stoff, eine Glaswand oder Mauerscheibe.

Einbauten Ein Bad im Schlafzimmer ist besonders persönlich und wohnlich – eigens für Mittelreife entworfene Waschbecken, Wannen, Duschen und Armaturen mit ergonomisch ausgeklügelten Details machen es superbequem.

Accessoires Stimmen Sie das Material der Schlaf- und Badmöbel aufeinander ab – helles Holz sieht freundlich aus. Perfektes Detail: Eine rundum laufende Fußleiste im Möbelton verbindet beide Räume zu einer optischen Einheit.

... oder ein Wellnessbad?

Überfüllte Spaßbäder und Saunakabinen, in denen Fremde lärmen – nicht Ihr Ding. Sie verwöhnen Körper und Seele lieber in vertrauter Umgebung – für einen eigenen Gesundheitspark genügen ein paar Quadratmeter mehr.

Badezimmer mausern sich zu Naherholungsgebieten – Badewanne und Dusche verwandeln sich bei Bedarf in Whirlpool und Dampfbad, und zur Grundausstattung aus Waschtisch und Toilette gesellen sich Wohlfühlmöbel wie Ruheliegen und Tischchen.

Einbauten Wanne und Dusche bauen Sie sowieso ein, warum nicht gleich Modelle mit allen Schikanen? Körpergerecht geformte Badezuber steigern das Wohlbefinden, aus Wasserdüsen fließen Massageströme. In Dampfkabinen kann man den Körper duschen wie gewohnt oder die Seele reinigen in warmem Nebel und Duft. Wer noch Platz hat, installiert eine Sauna- oder Infrarot-Kabine – sie benötigt zwei Quadratmeter Stellfläche pro Person.

Accessoires Wellness-Technik taucht Saunakabinen in Wohlfühlfarben oder überträgt die Schallwellen der Lieblingsmusik aufs Badewasser. Romantische Naturen tauchen ihr Gesundheitsrefugium in Kerzenschein und aromatisieren die Luft mit naturreinen Duftölen.

So stemmen wir Bau & Umbau

Zeit-, Kräfte- und Finanzplanung, Hilfe von Architekten und Handwerkern, Eigenleistung

Beginnen Sie mit der Planung Ihres Badezimmers etwa ein halbes Jahr vor dem (Um-)Bau. Besuchen Sie Badausstellungen von Fachfirmen, wälzen Kataloge und sortieren Ihre Wünsche. Lassen sich beraten, auch vom Heizungsbauer. Sprechen Sie etwa ein Vierteljahr vor dem (Um-)Bau die Termine mit den Handwerkern ab. In welcher Reihenfolge sie arbeiten sollen, sagt Ihnen der Bauzeitenplan auf Seite 17. Bestellen Sie zugleich die Materialien und Teile und dringen Sie auf schriftliche Bestätigung der Liefertermine.

Nach fünf Wochen ist der Spuk vorbei – so lange dauert es, ein altes Bad rauszureißen und neu einzurichten. Wer neu baut, muss sich nur drei Wochen gedulden.

Zeit-Management

Sie brauchen Fachmann und Baugenehmigung, wenn Sie Abwasserleitungen ändern oder in tragenden Wänden Wanddurchbrüche planen. Wird die Hausfassade nach der Renovierung anders aussehen, muss auch dafür ein Architekt spätestens sechs Wochen vor dem geplanten Baubeginn den Bauantrag einreichen. Wollen Sie nur Sanitärobjekte austauschen und/oder Wand und Boden neu fliesen, so dürfen Sie ohne Genehmigung loslegen.

Der Komplett-Umbau eines Altbaubades dauert etwa fünf Wochen. Klären Sie rund 4 Wochen vorher, wo Sie sich währenddessen waschen und duschen und welche Toilette Sie benutzen. Mieter und Wohnungseigentümer informieren ihre Nachbarn etwa zwei Wochen vor dem Starttermin, dass sie mit Schmutz im Treppenhaus und Lärm rechnen müssen. Bestellen Sie eine Woche vor dem Umbau einen Bauschutt-Container – soll er auf öffentlichem Grund stehen, benötigen Sie eine Genehmigung vom Amt für öffentliche Ordnung. Man kann mit den Handwerkern vereinbaren, dass sie große Verpackungen gegen Gebühr entsorgen. Legen Sie am Vortag der Arbeiten Besen, Schaufel und Staubsauger zurecht und viele Staubsaugertüten. Räumen Sie den Handwerkern die Wege frei und einen Lagerplatz für Material und Werkzeug – und halten Sie ein Verlängerungskabel bereit für das Radio, das jeder Handwerker im Gepäck hat. Hängen Sie Türen aus, die zerkratzt werden könnten, und schützen Fußböden mit rutschsicher verklebter Wellpappe, darüber Folie. Während des Umbaus wird Ihre Hauptaufgabe darin bestehen, gegen Staubstürme zu kämpfen. Man macht sich keine Vorstellung davon, welche Wolken das Abschlagen von Fliesen verursacht, wohin sich der Schmutz bewegt und wo er sich festsetzt. Feuchten Sie große Tücher und Decken an und hängen sie als Schmutzschleuse vor die Badezimmertür. Sollten Sie mehr

So finden Sie Ihren Meister

Hans-Josef Aretz, Fachverband des Deutschen Fliesengewerbes

»

Wie fordern Neubau oder Modernisierung eines Badezimmers das Organisationstalent des Bauherrn heraus?

Für ein Bad braucht man Fliesenleger, Elektriker und Sanitär-Installateur, vielleicht auch einen Trockenbau-Monteur, Schreiner oder Maurer, Heizungsbauer oder Estrichleger. Bauherren sind rasch überfordert, Gewerke und Termine zu koordinieren und Kostenvoranschläge zu vergleichen.

Wie hängen die Gewerke zusammen?

Für den Aufbau einer Fußbodenheizung mit keramischen Fliesen oder Naturstein müssen Fliesenleger, Heizungsbauer und Estrichleger miteinander schon im Planungsstadium einen Fugenplan erstellen, der die technisch notwendigen Bewegungsfugen berücksichtigt.

Wie lässt sich Stress vermeiden, wenn man wenig Zeit oder Talent hat, sich um alles selbst zu kümmern?

Meisterbetriebe im Fliesenhandwerk übernehmen die gesamte Vorbereitung und Durchführung aller handwerklichen Leistungen. Als Komplett-Dienstleister erstellen Sie ein umfassendes und verbindliches Angebot inklusive Qualitätsarbeit, Termintreue und Gewährleistung.

Wie findet man einen seriösen Betrieb?

Einen guten Fachbetrieb erkennt man am Logo: drei stilisierte Fliesen mit dem Schriftzug des Fachverbands.

«

<table>
<tr><th colspan="6">Statt Chaos und Dreck: 5-Wochen-Plan</th></tr>
<tr><th></th><th>1. Woche</th><th>2. Woche</th><th>3. Woche</th><th>4. Woche</th><th>5. Woche</th></tr>
<tr><td>Heizungs-, Gas-, Sanitär-installateur</td><td>alte Installationen demontieren</td><td colspan="2">Rohinstallation Heizung, Gas, Wasser</td><td></td><td>Endinstallation Objekte, Heizkörper</td></tr>
<tr><td>Maurer Trockenbauer</td><td colspan="2">Schlitze, Wände abreißen oder errichten, Dämmung</td><td></td><td>Vormauerungen, Schlitze schließen</td><td></td></tr>
<tr><td>Schreiner</td><td></td><td colspan="2">Fenster, Türzargen, Wand-, Deckenbekleidung</td><td></td><td>Türen ein-hängen</td></tr>
<tr><td>Elektro-installateur</td><td></td><td colspan="2">Rohinstallation Leitungen verlegen</td><td></td><td>Endinstallation Schalter, Steckdosen</td></tr>
<tr><td>Maler</td><td></td><td></td><td></td><td colspan="2">Fenster, Türen, Wände</td></tr>
<tr><td>Fliesenleger</td><td></td><td></td><td></td><td colspan="2">Boden, Wände</td></tr>
</table>

Eigenleistung planen als Handlangerarbeiten: Bauherren in Eigenregie sind nicht gesetzlich versichert, also schließen Sie privaten Unfall- und Berufsunfähigkeitsschutz ab. Helfen Ihnen Freunde beim Ein- oder Umbau, müssen Sie bis spätestens eine Woche nach Baubeginn bei der Bau-Berufsgenossenschaft versichert werden – auch wenn sie gratis arbeiten oder der Bauherr schon versichert ist. Kosten: je nach Region 1,47 bis 2,08 Euro für jede Helferstunde. Die Beitragspflicht entfällt nur, wenn alle Helfer zusammen nicht mehr als 39 Stunden auf dem Bau helfen.

Der Bauzeitenplan sagt Ihnen, welcher Handwerker wann auf der Badbaustelle arbeitet. So kommen sich unterschiedliche Gewerke nicht in die Quere, und Anschlussarbeiten verlaufen reibungslos.

Kräfte-Management

Fehlt nur ein Tausender zum Traumbad, lässt er sich durch Selbermachen erwirtschaften. Loten Sie Ihr Potenzial aus – viele Bauherren unterschätzen die Schwierigkeit oder Dauer einer Arbeit. Deshalb akzeptieren Banken zum Beispiel maximal 10 Prozent der Baukosten als Eigenleistung. Selbsthilfe reduziert Handwerkerrechnungen effektiv, wenn Sie Arbeiten mit hohem Lohnanteil übernehmen. Wer Leichtbauwände montiert, Wand- und Bodenbeläge anbringt, malert und lackiert, entlastet das Baubudget um mehrere tausend Euro. Der Einbau einer Fensterbank hingegen nimmt nur 3 Stunden in Anspruch und kostet

125 Euro. Hantieren Sie nur mit gepflegtem, intaktem Werkzeug und schützen Ihre Augen mit einer Arbeitsbrille, die Hände mit Handschuhen und die Füße mit festem Schuhwerk. Auf Eigenleistung und Schwarzarbeit gibt es keine Garantie, auf Profiarbeit mit korrektem Auftrag aber 5 Jahre Gewährleistung.

Handwerker-Management

Vorher: Typisch Altbau – am Ende einer düsteren Gasse thront das WC. Die Wanne verengt den Weg, der wuchtige Waschplatz blockiert Stellfläche. Wer Kosten drücken möchte, demontiert Heizungs- und Sanitär-Installation selbst. Das dauert zwei bis drei Tage und spart etwa 1000 Euro. Fliesen in Eigenarbeit abzuschlagen reduziert die Baukosten um rund 10 Euro pro Quadratmeter; ein Laie schafft 10 Quadratmeter pro Stunde.

Holen Sie Kostenvoranschläge ein oder bitten einen Architekten darum gegen Honorar. Für gleiche Arbeiten sollten Ihnen Angebote vorliegen von drei Handwerksbetrieben. Der Aufwand lohnt sich vor allem für umfangreichen Umbau und teure Ausstattung; es gibt Preisunterschiede bis zu 50 Prozent. Das Billigste ist freilich nicht immer das Beste, vergleichen Sie Qualität der Materialien und Vollständigkeit des Angebots.
Betrachten Sie das Kostenangebot nicht als verbindliche Endsumme, sofern der Handwerker dies nicht ausdrücklich vermerkt. Er darf den Kostenvoranschlag überschreiten – ohne Ihre schriftliche Bestätigung bis zu 10 Prozent, mit Ihrem schriftlichen Einverständnis auch mehr. Versuchen Sie, vor der Auftragsvergabe an Handwerker Festpreise auszuhandeln, im Auftrag steht dann »Angebot wird Festpreis«. Dann bezahlen Sie keinen Euro mehr, wenn der Profi schließlich länger braucht. Mit Stundenlohn-Verträgen hingegen kalkulieren Sie risikoreich: Wie wollen Sie einen Handwerker beschleunigen, der sich als Schnecke oder Brotzeit-Experte entpuppt? Wenn das Material angeliefert wird, prüfen Sie genau die Lieferscheine. Was haben Sie bestellt, was ist angekommen? Was fehlt, was ist zu viel? Untersuchen Sie gleich, ob die Ware Schäden aufweist – und reklamieren sofort. Lassen Sie sich Ihre Einwände vom Lieferanten bestätigen, auch wenn nur die Verpackung beschädigt ist. Vielleicht ist der Inhalt ja in Ordnung, aber besser ist besser. Wenn Sie Schäden erst später feststellen, bitten Sie um eine Bestätigung des ausführenden Handwerkers. Lassen Sie sich alle Geräte vom Monteur genau erklären und bestehen darauf, dass nach dem Anschluss ihre Funktion geprüft wird.

Finanz-Management

Zählen Sie Ihr Erspartes zusammen. Reicht es nicht, müssen Sie sich Geld leihen. Wer frisch baut oder sein Haus umfassend saniert, hat die Summe für die Badgestaltung in sein Baudarlehen eingerechnet. Wer ausschließlich das Bad modernisieren möchte, beantragt bei der Bank ein Annuitätendarlehen, zahlt dafür Zins und tilgt den Betrag monatlich. Auch mit einer

Lebensversicherung kommen Sie dem neuen Bad näher. Vielleicht zahlen Sie schon lange Ihre Beiträge, haben die Police aber nicht zur Haus- oder Modernisierungs-Finanzierung eingesetzt. Die Versicherungsgesellschaft gibt dann ein Policendarlehen. Wie sich das Traumbad mit einem neuen Bausparvertrag finanzieren lässt, zeigt das Beispiel auf Seite 20.
Manche Badausstatter bieten Komplettlösungen aus einer Hand an – Planung, Material und Montage sowie Bauüberwachung. Sie kooperieren mit Bankinstituten und bieten Kunden Finanzierungskonzepte an – manche ohne Grundbucheintrag und Sicherheiten. So umgehen Sie Verhandlungen mit Ihrer Bank, wenn Sie einen momentanen Engpass nicht offenbaren wollen oder das Kreditinstitut Ihren Antrag auf Finanzierung abgelehnt hat. Vergleichen Sie auf jeden Fall die Konditionen von Fachbetrieb und Bank und verzichten auf »unbürokratische« Angebote, die Sie sich nicht leisten können. Machen Sie sich klar, dass Sie für ein Badezimmer etwa ein Drittel der Bausumme an Startkapital mitbringen sollten und 10 Jahre lang Monat für Monat zwischen 200 und 350 Euro abbezahlen. Unterschiedliche Preislagen der Ausstattung entscheiden, ob Badbau oder Renovierung preiswert wird oder teuer. Folgende Mittelwerte für Standard-Objekte guter Qualität geben einen Anhaltspunkt

Nachher: Einheitlicher Belag auf Boden und Wänden schafft optische Ordnung und weitet den Raum. Wer dem Heizungsinstallateur kräftig zur Hand geht, zahlt bis 1000 Euro weniger Handwerkerlohn, selber zu fliesen bringt eine Ersparnis von 50 bis 70 Euro pro Quadratmeter.

Finanzierungsbeispiel: Modernisierung, Badeinbau Sofortdarlehen 15 000,00 €		
LBS Vorfinanzierungskredit Zins nominal 4,75 % fest für 8 Jahre, anfänglicher effektiver Jahreszins 4,87 %, voraussichtliche Laufzeit 85 Monate, wird abgelöst durch ein Bauspardarlehen Tarif LBS-FU6, Zins nominal 3,75 %, effektiver Jahreszins 4,04 %, Laufzeit rd. 117 Monate		**15 000,00 €**
Monatliche Leistung	**1. bis 85. Monat**	**86. bis 202. Monat**
- Zinsen für Kredit (4,75 % p. a.) - Sparrate für Bausparvertrag*) - Tilgung für Bausparvertrag	59,38 € 70,62 €	90,00 €
Gesamte Leistung	**130,00 €**	**90,00 €**
Quelle: LBS Bayern *) die Abschlussgebühr von 1 % der Bausparsumme wird gesondert bezahlt		

– die Preise gelten mit Montage und Zubehör, hinzu kommt die aktuell gültige Mehrwertsteuer: Badewannen kosten um 1000 Euro, Duschwannen etwa 500 Euro, Waschbecken mit Armatur 500 Euro, WC mit Spülkasten 400 Euro, Bidets mit Armatur 350 Euro, Armatur für vorhandenes Waschbecken 250 Euro, Duschabtrennungen 1500 Euro, eine Trennwand aus 10 Zentimeter dickem Porenbeton inklusive Putz 50 Euro pro Quadratmeter, Materialpreis für Wand- oder Bodenfliesen um 40 Euro je qm, Verlegen und Verfugen 50 Euro je qm, Bodenfliesen verlegen und verfugen 70 Euro pro qm.
Wer sein Bad komplett umbaut, sollte mit Kosten rechnen zwischen 10 000 und 15 000 Euro – oder mehr. Denken Sie bei Ihrer Rechnung auch an einen Betrag für die Nebenkosten – Gebühren für Behörden, Telefon, Porto und Abfallentsorgung, Frachtkosten, Trinkgelder und Imbiss für die Handwerker. Planen Sie etwa ein Drittel der Bausumme ein als Spielraum für unvorhersehbare Arbeiten und Sonderwünsche, die sich während des Umbaus ergeben. Sollte Ihr Budget dies nicht erlauben, kontrollieren Sie während des Umbaus streng die Kosten.

▶ **Armaturen, Bodenbeläge, Warmwasser & Co – die aktuellen Baupreise im Überblick: online unter www.haus.de/planen**

So behalten wir die Kosten im Griff

Geliehenes Geld kostet, bevor man es hat. Wir nehmen den Kredit so spät wie möglich auf – sobald er in Warteposition steht, zahlen wir Bereitstellungszins, etwa zwei Prozent des nicht ausgezahlten Darlehensbetrags. Wir fixieren nicht nur für die Handwerker einen Zeitplan, sondern überlegen auch unser Finanzierungs-Timing.

Unsere Checkliste zum Abhaken:

1. *Wir setzen uns ein Baukosten-Limit und schreiben es oben auf eine Liste.* ❍
2. *Wir ziehen in der Planungsphase von diesem Betrag jede erwartete Rechnung ab – die verbleibende Summe zeigt uns rasch, wie viel Geld wir brauchen oder ob wir uns von Wünschen verabschieden sollten.* ❍
3. *Wir halten Lebensunterhalt und Baugeld auseinander, das verbessert unseren Überblick.* ❍
4. *Wir eröffnen vor Baubeginn ein Giro- oder Tagesgeldkonto für alle Zahlungsein- und ausgänge, die den Badbau betreffen.* ❍
5. *Wenn das Bad fertig ist, lösen wir das Konto wieder auf und sparen die Kontoführungsgebühren.* ❍
6. *Auf ein Bauspardarlehen greifen wir zu, indem wir der Bausparkasse Zahlungsaufträge erteilen – die Bank überweist Teildarlehen auf das Baukonto. Wir holen wöchentlich die Kontoauszüge und prüfen jede Buchung.* ❍
7. *Wir bleiben bei unseren Plänen, auch wenn während der (Um-)Bauphase Verführungen locken.* ❍
8. *Wir vergleichen vor Zahlungen Lieferschein und Lieferung.* ❍

Sind Sie Sparfuchs, Pragmatiker oder Leichtfuß? Ihr Umgang mit Geld bestimmt, ob Ihr Badbau überschäumendes Vergnügen oder Fass ohne Boden wird. Lassen Sie sich zu spontanen Ausgaben nur hinreißen, wenn es um kleine Beträge geht – je nach Budget 200 bis 500 Euro. Nehmen Sie sich für kostenintensive Entscheidungen Zeit und überlegen: modisch oder zukunftsträchtig? Wer dazu neigt, über seine Verhältnisse einzukaufen, führt ab sofort ein Haushaltsbuch.

check

So planen wir den Raum

Bestandsaufnahme und Visionen, Grundriss und Gestaltung

Badenixen träumen von einer Luxuswanne, Brausefans plädieren für eine Komfortdusche, lesende Kloblockierer bestehen auf gezieltem Licht, und Morgenmuffel kriegen ohne Musik die Augen nicht auf. Erstellen Sie einen Wochenplan: Wer macht wann im Bad was? Welche Einrichtungsgegenstände braucht man dazu? Gibt es akzeptable Alternativen? Welchen Objekten drohen besondere Strapazen? Den Schubladen ein häufiges »Schminktäschchen raus und rein« eines Teenagers, der Duschtasse kratzende Hundepfoten? Müssen die Bedürfnisse eines behinderten Familienmitglieds oder eines Seniors berücksichtigt werden? Wie viel Zeit ist wer bereit, dem Bad-Putz zu widmen? Mit diesem Wissen nähern Sie sich Ihren Anschaffungen und den Materialien, die zu Ihnen passen.

Halten Sie Familienrat und bringen Ihre Wünsche zu Papier. Berücksichtigen Sie Veränderungen von Beweglichkeit und Körperkraft, die sich in den nächsten 15 Jahren ergeben könnten – so lange währt das durchschnittliche Modernisierungs-Intervall.

Maß & Skizze

Bauherren reservieren für ein Bad mit WC mindestens 5 Quadratmeter Fläche, als komfortabel gelten Räume ab 8 qm. Wenn Sie ein enges Altbaubad modernisieren, erweitern Sie es in einen Nachbarraum oder machen das Beste draus: Können Sie auf das WC im Bad verzichten, weil es ein zweites gibt? Passen Handtuchstapel und Wäschetruhe ins Schlafzimmer? Wird der

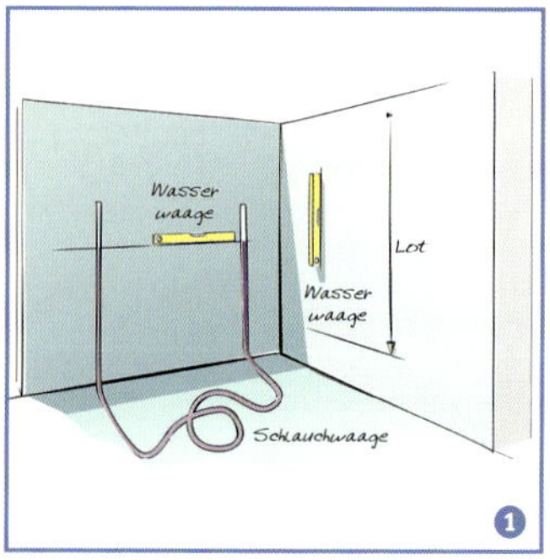

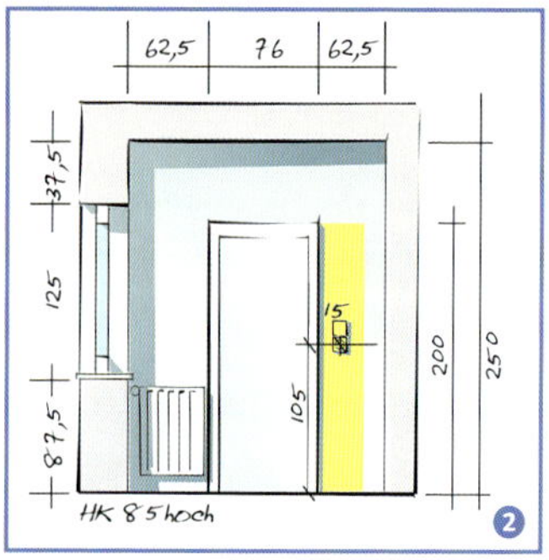

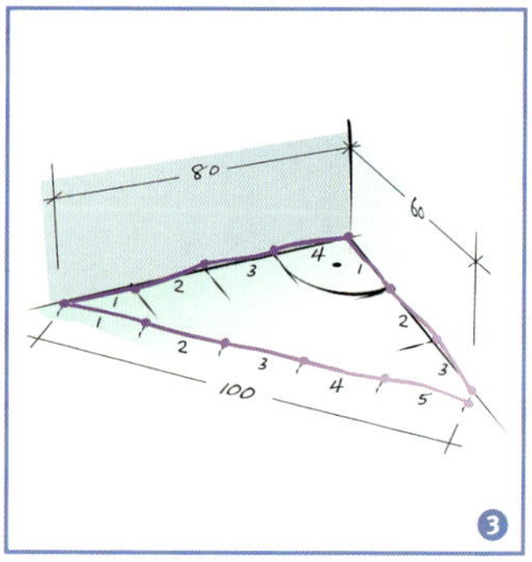

Genau messen:
1. *Wasserwaage und Lot zeigen die Senkrechte, ein gefüllter Schlauch die Waagerechte.*
2. *Eine Wandansicht zeigt Türgröße, Heizkörper, Sitz von Schaltern und Steckdosen.*
3. *Ein Test spürt schiefe Wände auf.*

Stepper im Bad überhaupt noch benutzt, oder sollte man ihn mal im Internet versteigern? Kopieren Sie den Grundriss des Badezimmers vom Bauplan oder zeichnen Sie selbst einen – möchten Sie es vergrößern, nehmen Sie den angrenzenden Raum mit auf. Ein Grundriss zeigt den Raum von oben, immer durchgeschnitten in einem Meter Höhe. Wer den Ist-Zustand exakt misst, kann besser planen und (um)bauen.
Prüfen Sie alle Maße, auch wenn ein Bauplan vorhanden ist – Papier ist geduldig! Möchten Sie Mauern versetzen, Fenster einbauen oder Türen verbreitern: Zeichnen Sie den Bestand mit schwarzem Stift, schraffieren Sie Neues in Rot.

Raum vermessen Wenn Sie ein Altbaubad renovieren, messen Sie Wandhöhen und -breiten sowie die Schrägen, Tür- und Fenstergrößen, Ecken und Mauervorsprünge. Legen Sie ein Maßband an in einer Raumecke, messen Sie Wand für Wand – verlassen Sie sich nicht darauf, dass gegenüberliegende Mauern gleich breit oder hoch sind. Erfassen Sie alle Wände, ermitteln Sie die Wandstärken (etwa für einen Unterputz-WC-Spülkasten) und die Brüstungshöhe der Fenster. Mit Wasserwaage und Lot finden Sie die Waagrechte und Senkrechte. Für größere Abstände, etwa zwischen gegenüberliegenden Wänden, eignet sich eine Schlauchwaage; füllen Sie einen transparenten Schlauch mit Wasser und Lebensmittelfarbe – der Wasserspiegel liegt in beiden Enden stets auf gleicher Höhe. Wer Decken abhängen will oder Böden ebnen muss, behilft sich mit Wasserwaage und Lot. Das Nivellieren funktioniert leichter mit einem Bau-Laser: Sein Lichtpunkt wandert in immer richtiger Höhe über Wände und Vorsprünge, die Position lässt sich auf der Wand nachzeichnen. Man markiert auf diese Weise, wo Trennwände andocken, wo das Waschbecken sitzen oder wie hoch Fliesen aufgeklebt werden sollen.

Pläne prüfen Im Altbau und vielen Neubauten haben Ecken nicht 90 Grad. Die Zeichnung links unten zeigt, wie Sie testen: Teilen Sie 240 Zentimeter Schnur in drei Abschnitte von 60, 80 und 100 cm Länge. An einer Wand legen Sie die 60 cm, an der anderen die 80 cm an. Passt das 100-cm-Stück dazwischen, ist der Winkel ein rechter. Ist die Strecke kürzer, beträgt der Winkel weniger als 90 Grad. Reicht das Schnurstück nicht, ist der Winkel weiter als 90 Grad. Übertragen Sie alle Maße auf Millimeterpapier: 1 Meter in Ihrem Bad sollen 5 Zentimeter auf dem Papier sein, dann bekommen Sie eine Grundrisszeichnung im übersichtlichen Maßstab 1:20. Markieren Sie auf der Skizze alle Steckdosen und Lichtschalter, Strom- und Wasseranschlüsse und die Position von Heizkörper und Kaminschacht. Kopieren Sie den Grundriss mehrmals, für jedes Familienmitglied – die kreativsten

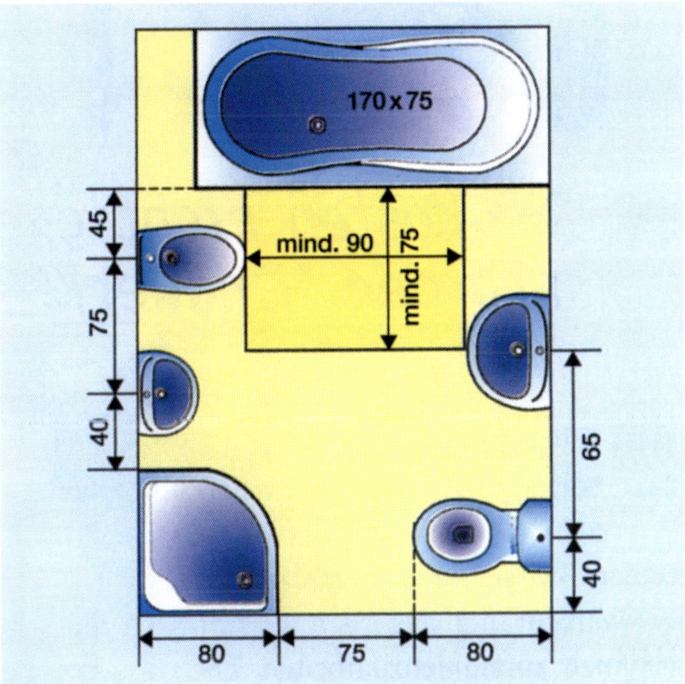

Abstand gibt Freiheit; die Zeichnung gibt Auskunft, wie weit Sie Sanitärobjekte voneinander abrücken sollten.

Pläne entstehen, wenn jeder zunächst eigene Ideen entwickelt, die später im Team besprochen werden. Finden Sie eine Lösung, mit der alle jetzt und später leben können – die nächste Baderneuerung findet vermutlich erst in 15 bis 20 Jahren statt.
Schablonen schieben Besorgen Sie im Sanitärfachhandel oder in der Badabteilung eines Einrichtungshauses Schablonen für Badobjekte und -möbel. Oder schneiden Sie selber welche zu; Größenangaben finden Sie in Prospekten. Planen Sie als Mindestbreiten und -tiefen für eine Badewanne 170 x 75 Zentimeter, Dusche 70 x 70 cm, einen Waschtisch 60 x 50 cm, für WC und Bidet jeweils 40 x 50 cm. Außer Objekten in üblicher Größe gibt es für Mini-Bäder Ausstattungen, die weniger weit in den Raum ragen – lesen Sie Tricks gegen die Enge ab Seite 26.
Schieben Sie die Schablonen auf dem Grundriss hin und her, bis Sie die günstigste Anordnung gefunden haben. Denken Sie an Bewegungsraum vor dem Fenster und den Objekten, lassen Sie wenigstens 75 Zentimeter Freifläche, besser 90 cm. Halten Sie vor Möbeln und Dusche so viel Fläche frei, dass Schubladen und Türen gut zu öffnen sind und Sie sich davor bücken können. Mit offenen Regalen und Schiebetüren haben Sie mehr Einrichtungsspielraum. Zwischen Wand und Becken und zwischen zwei Becken sollten mindestens 20 Zentimeter Freiraum bleiben, zum

Waschbecken: Die richtige Höhe

Waschbecken werden in 85 cm Höhe montiert, gemessen zwischen Fußbodenbelag und Beckenoberkante. Die Unterkante des Spiegels sollte 135 cm über dem Boden liegen, die Ablage für den Zahnputzbecher 115 cm. Die Maße gelten als guter Kompromiss, wenn unterschiedlich große Menschen das Waschbecken benutzen. Individuelle Höhen für große Menschen sind oft bequemer.

tipp

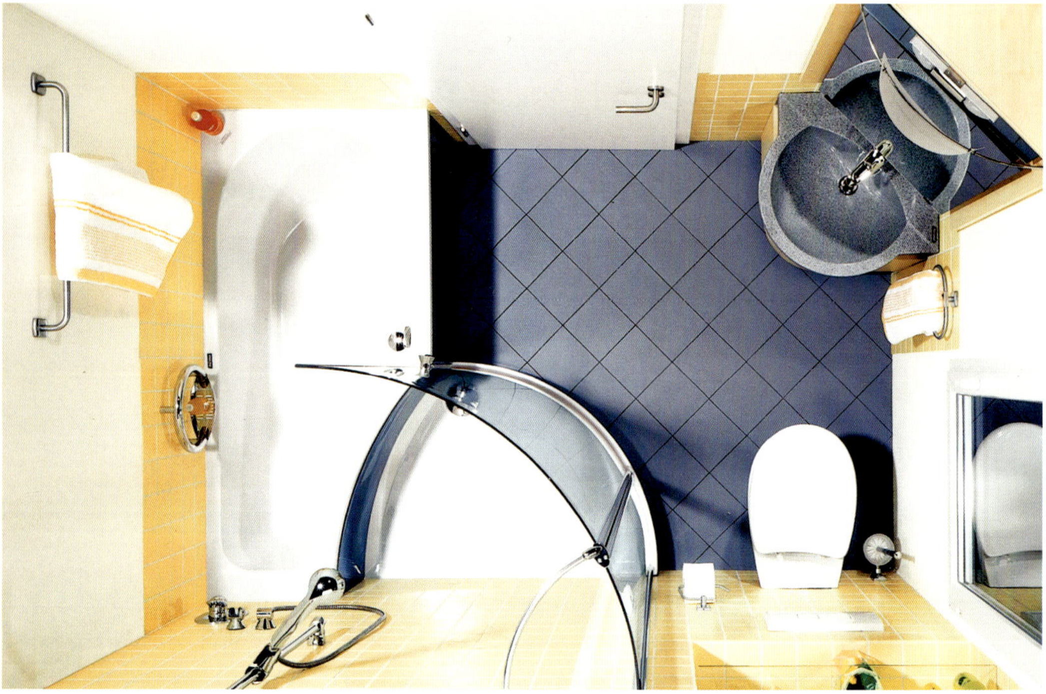

Spezialprogramme schaffen Platz in Winzbädern: Wanne und Dusche brauchen zusammen nur 150 x 160 cm Grundfläche und teilen sich die Armatur. Die Duschentür schwenkt nach innen und außen.

Bidet 25 cm. Wanne und Waschbecken können eng zusammenrücken, der Höhenunterschied garantiert Spielraum. Die Badewanne braucht weder mit Längs- noch Stirnseite Abstand zur Wand, passt oft in eine Nische. Wer Waschmaschine, Trockner oder Schränke im Bad unterbringen möchte, kalkuliert 3 Zentimeter Distanz zur Wand, damit Luft dahinter zirkulieren kann – wo Feuchtigkeit nicht abtransportiert wird, bildet sich Schimmel. Waschmaschine und Trockner benötigen übrigens nur den halben Platz, wenn man sie aufeinander türmt.

Platz-Tricks für kleine Räume

Ihr Bad hat die Maße einer Umkleidekabine? Oder die Form eines Schlauchs? Auch aus Architekten-Sünden lässt sich etwas machen – mit ein paar Tricks sowie ganz speziellen Badprogrammen. Helle Wände und glänzende Oberflächen reflektieren Licht, so sieht das Zimmer größer aus. Spiegel verdoppeln die Grundfläche – zumindest fürs Auge. Günstiger als Spiegel im Querformat sind hochkant aufgehängte Rechtecke, sie »strecken« optisch den Raum zwischen Boden und Decke. Großformatige Fliesen auf dem Boden vermeiden Fugenwirrwarr, so scheint die Fläche weiter. Alternativen: Kork, Linoleum oder Feuchtraumlaminat –

weitere Tipps für Wand- und Bodenbeläge finden Sie ab Seite 57. Ein ordentlich aufgeräumtes Bad sieht größer aus als Durcheinander. Kompakte Waschbecken, platzsparende Kombinationen aus Wanne und Dusche oder komplette und praktische Raumkonzepte speziell für Minibäder lassen Ihnen viel Planungsspielraum, nutzen beschränkten Platz optimal und bieten modernen Komfort und Badespaß. Berührungspunkte machen Partnerschaften traulich, Bäder aber eng. Doppelwaschbecken sparen Fläche, erweisen sich gelegentlich jedoch als unpraktisch – wenn Zwei sich zugleich waschen, kommen sie einander ins Gehege. An ausgeklügelten Modellen steht man einander gegenüber und genießt Ellbogenfreiheit. Die gebräuchlichste Badewanne ist außen 170 Zentimeter lang und 75 cm breit. Wo Platz fehlt, sollte man sich Sondermodelle anschauen mit Fußenden, die sich verjüngen – vielleicht passt daneben sogar noch eine extra Dusche. Ein bequemes Duschbecken beginnt ab 60 Quadratzentimeter Grundfläche, asymmetrische Duschtassen gibt es schon ab 50 cm Schenkelbreite.

Komfort-Tricks für Schrägen

Ob sich ein Dachraum eignet als Wohnraum oder Bad, hängt ab von der Dachneigung. Der Winkel sollte mindestens 35 Grad betragen, sonst müssen Sie Einbauten weit in die Raummitte verlegen – mit den niedrigen Seiten können Sie nichts anfangen. Ihr Dachgeschoss wurde mit Kniestock gebaut? Umso besser: Je höher das senkrechte Wandstück zwischen Fußboden und Schräge, desto besser – Minimum ist jedoch ein Meter. Klären Sie auch: Ist die Geschossdecke stabil genug , um zum Beispiel eine volle Badewanne zu tragen? Als Nächstes geht es ums Licht: Sind bereits Dachfenster eingebaut, oder gibt es nur Ausguck-Luken? Eine Gaube bringt zusätzliche Kopffreiheit, wird aber vom Bauamt nicht überall genehmigt. Dachflächenfenster machen den Raum hell, aber eine schöne Aussicht gewähren sie nicht – es sei denn, man verglast die Schräge bis in Augenhöhe beim Sitzen. Die Bilder rechts zeigen , wie man Licht unter die Schräge lotst. Dann: Sind überhaupt Wasserrohre verlegt? In welcher Wand lassen sie sich sinnvoll führen, so dass sie im Keller nahe dem Heizkessel rauskommen? Kann man dort die Decken durchbohren, oder sitzt genau in der geplanten Führung ein Stahlträger? Dasselbe gilt für Heizungsrohre: Holen Sie Rat von einem Installateur, wie man sie ökonomisch an den Kessel anschließt und ob dieser die zusätzliche Leistung packt. Möglicherweise ist eine dezentrale Versorgung mit Heiz- und Duschwasser weniger aufwändig – Infos finden Sie ab Seite 34.

Bad im Dachgeschoss:

1. *Giebelfenster machen hell, weiße Fliesen spiegeln Sonne und Lampenschein.*
2. *Öffnen die Fenster nach außen, stößt sich niemand an offenen Flügeln.*
3. *Wanne an die niedrige Abseite drücken, Maß-Dusche weit ins Zimmer rücken.*

Kühle mildern:
1. *Parkettboden mit Lichtband*
2. *Raue Wandoberfläche in Sonnenfarben*
3. *Edler Goldglanz*
4. *Fliesenteppich und Blumenschmuck*

Wärme-Tricks für Gemütlichkeit

Psychologen stellten fest, dass Menschen in einem Bad mit warmen Erd-, Sonnen- und Holztönen weniger frieren als in einem weißen, blauen oder grünen Bad – die Heizung darf ruhig um ein bis zwei Grad zurückgedreht werden. Weiße Sanitärobjekte und die »kalten« Töne von Himmel und Wasser zählen aber zu den Bauherren-Favoriten im Bad: Sie sehen frisch und hygienisch aus und bleiben lange Zeit modern. Boden, eine Wand oder Schränke aus Holz möbeln eine allzu kühl anmutende Badezelle auf zum wohnlichen Wohlfühl-Kabinett. Holz wird fleckig oder modert, wenn es ständig hoher Luftfeuchtigkeit oder Spritzwasser ausgesetzt ist. Unter rissfreiem Lack oder einer Beschichtung bleibt das Material trocken – unter spröden Anstrich kriecht Nässe und lässt das Holz quellen, bis er platzt. Fachleute raten: Holz versiegeln, Lack regelmäßig prüfen und nach Bedarf abschleifen und erneuern. Rohes Holz kann man auch einstreichen mit Spezialöl, in dessen Film kein Wasser dringt. Darauf hält später allerdings keine Lackschicht, man erneuert den Ölfilm etwa zweimal im Jahr.

▶ **Physik mit Gefühl: Mehr über Farben und ihre Wirkung auf uns finden Sie im Internet unter www.haus.de/einrichten**

Unser Bad nimmt nun Formen an

Der Familienrat hat getagt, die Macken des alten Bades bloßgelegt und die Hoffnungen an das neue Badeparadies formuliert. Wir prüfen, ob unsere Träume zu Platzverhältnissen und Baubudget passen, und leisten Millimeterarbeit. Mit Wunschzettel und Grundriss gehen wir zum Badplaner oder Architekten.

Unsere Checkliste zum Abhaken:

1. *Wir verlassen uns nicht auf die Angaben im Bauplan, sondern messen den Raum selbst noch einmal aus.* ❍
2. *Wir spüren schiefe Wände und schräge Ecken auf – ein fehlender Zentimeter kann Träume platzen lassen.* ❍
3. *Wir probieren aus, wo man unter der Dachschräge bequem stehen oder nur sitzen kann, und platzieren Wanne, Dusche, Waschbecken und WC je nach Kopffreiheit.* ❍
4. *In unseren Plänen berücksichtigen wir, dass eine neue Innendämmung die Grundfläche reduziert und Estrich und Fußbodenbelag die Raumhöhe mindern.* ❍
5. *Wir lassen vor Objekten, Schränken und Regalen so viel Platz, dass wir uns davor bücken können.* ❍
6. *Zimmertür, Schubladenmöbel, Duschabtrennung und Heizkörper sind so angeordnet, dass sie einander nicht anstoßen.* ❍
7. *Das Fenster lässt sich öffnen ohne Kletterpartien auf Badewannenrand oder Klodeckel.* ❍
8. *Wir haben bei der Planung außer auf Schönheit und Preis der Einrichtung auch darauf geachtet, dass sich das Bad leicht säubern lässt.* ❍

Wer die Wahl hat, plant Bad und Küche neben- oder übereinander, geradewegs über dem Kelleranschluss ans öffentliche Wassernetz. Vorteil: Sie errichten eine gemeinsame Installationswand für Be- und Entwässerungsleitungen, Lüftung und Notkamin. Gurgel- und Fließgeräusche konzentrieren sich dort und stören nicht in Wohn- oder Schlafzimmer. Sie sparen Material und Lohn für das Verlegen von Leitungen quer durchs Haus und profitieren von geringerem Wärmeverlust der Wasserwege.

check

So temperieren wir Raum und Wasser

Heizung einbauen und Warmwasser bereiten, Strom anschließen und Klima regeln

Wo Luft- und Wassertemperatur zum Baden einladen, wird die Haut frisch, und die Seele lächelt zufrieden. Moderne Heiz- und Wassertechnik schickt Komfort aus dem Keller auf die Etage oder bereitet Behagen vor Ort. Fachgerechte Elektro-Installation sichert die Gesundheit der Bewohner und die Funktion von Beleuchtung und Geräten.

Wer den Thermostatgriff von 2 auf 3 stellt, verheizt 20 Prozent mehr Energie. Blockierbare Heizungsventile verhindern Spielereien der Kinder und Familienzwist.

Zentralheizung

Die Gnadenfrist für alte Heizkessel (man nennt sie auch Wärmeerzeuger) ist abgelaufen, neue Geräte nutzen Brennstoff besser – manche sparen im Vergleich zu 20-jährigen Vorgängern bis zu 40 Prozent Energie. Zeitgemäße Technik nutzt Energie klug: Gebläsebrenner vor dem Kessel zerstäuben Gas und Öl zu Tröpfchen. Sie verbrennen vollständiger als Tropfen, das erhöht den Wirkungsgrad. Blaubrenner verbrennen den Ölnebel fast vollständig, das Abgas enthält weniger Schadstoffe. Katalytische Brenner heizen emissionsarm ohne Flamme. Feuert der Brenner von oben in den Kessel, breitet sich Wärme gleichmäßiger aus als mit seitlich montiertem Brenner. Ein kugelförmiger Feuerraum optimiert Wärmeübergang und Wirkungsgrad, Brennwertkessel nutzen die Energie des Brennstoffs und zusätzlich die der

Die Zentralheizung (hier als Turm) versorgt das ganze Haus mit Warmwasser für Heizkörper und Wanne.

Eine Etagenheizung wärmt Heizungs- und Brauchwasser für eine separate Wohnung.

Abgase. In modernen Brauchwasserspeichern wird Wasser geschichtet – kaltes nach unten, heißes nach oben. So ist stets Dusch- und Badewasser zapfbereit, es muss aber nicht der gesamte Inhalt temperiert werden.

Kompakt-Anlagen Die junge Heizungsgeneration gibt es für den Keller, aber auch in platzsparender Miniatur-Ausführung für die Wohn-Etage. Kompaktanlagen für Öl und Gas arbeiten leise, der abgestrahlte Wärmeverlust heizt die Wohnung mit – statt den Keller. Dafür gibt es Bonuspunkte in der Energiebilanz gemäß der Energie-Einspar-Verordnung EnEV. Es gibt Ölkessel mit Leitung in den Keller – der Öltank im Schrank existiert bisher nur als Prototyp. Neuester Spartrick: Hersteller nutzen die Kesselwärme und bauen den Wasserspeicher drum herum. Für Thermen unterm Dach benötigt man nicht einmal einen Schornstein – ein Abgasstutzen genügt.

Heizkörper

Fachleute nennen sie Wärmeverteiler – sie sind jetzt flacher als früher, fassen also weniger Wasser. Man spart Brennstoff für die Liter, die man nicht aufheizen muss. Die neuen Heizkörper geben aber genauso viel Wärme ab wie die voluminösen Ungetüme – durch einen Trick: Blechlamellen, Rippen oder Rohre vergrößern die Oberfläche. Die Größe von neuen Heizkörpern oder Austauschmodellen ermittelt der Heizungsbauer abhängig von Raummaß und Wärmedämmung. Der Handel bietet passend zu vorhandenen Rohranschlüssen vorgefertigte Heizkörper an. Maßanfertigungen und schicke Designerstücke berücksichtigen Sonderwünsche für Material, Form und Farbe; sie kosten bis zu vierstellige Beträge. Es gibt Wärmespender aus Stahl oder Glas, Keramik oder Naturstein, Edelstahl oder Messing.

Standard-Modelle Die meisten Bauherren und Renovierer entscheiden sich für preiswertere Plattenheizkörper aus lackiertem Stahlblech, Konvektoren oder Radiatoren. In einem Plattenheizkörper wird Warmwasser durch eine flache Stahlkammer aus glattem oder profiliertem Blech geleitet. Lamellen auf der Rückseite maximieren die Wärmeabgabe. Radiatoren setzen sich zusammen aus mehreren gleichen Gliedern oder Rohren – zu Heizleitern mit Quersprossen zusammengefügt, taugen sie zugleich als Handtuchwärmer. Im Sommerbetrieb wärmt ein moderner Heizkessel nur das Dusch- und Badewasser, die Heizkörper bleiben kalt. Kann sein, dass man dann fröstelt. Im Badezimmer hilft ein elektrischer Heizkörper aus – beachten Sie die Sicherheitsvorschriften für Elektro-Installationen auf Seite 36. Die schnellen Heizkörper für zwischendurch gibt es mit glatter

Front oder als Sprossenwand – je größer der Abstand der Röhren, desto einfacher lassen sich Handtücher darüber fädeln und der Heizkörper reinigen. Abgerundete Ecken verhindern zudem, dass Kinder oder Senioren sich verletzen – weitere Sicherheitshinweise für Groß und Klein finden Sie ab Seite 68.

Temperatur regeln Ein Thermostatkopf am Heizkörper spart etwa 20 Prozent Energie im Vergleich zu Ventilen, die sich nur auf- und zudrehen lassen. Mechanische Thermostate schrauben den Warmwasserzufluss hoch, bis die gewünschte Raumtemperatur erreicht ist – auch durch Fremdwärme, etwa Sonnenstrahlen. Dann schließt sich das Ventil automatisch. Erst wenn der Thermostat kühlere Luft registriert, fließt Wasser nach. Elektronik-Ventile drosseln die Raumtemperatur zusätzlich zeitabhängig, ihr Sparpotenzial liegt bei 30 Prozent. Wer die Raumtemperatur während einer Heizperiode um ein Grad senkt, verbraucht in einem schlecht gedämmten Altbau bis zu 60 Prozent weniger Heizenergie. Am ergiebigsten sind die Monate Dezember bis Februar: In dieser Zeit verbraucht man die Hälfte der benötigten Heizenergie eines Jahres. Damit das Ventil genau arbeitet, muss die Badluft den Griff frei umfließen. Vorhang oder Handtuch, eine tiefe Fensterbank oder direkter Sonnenschein verfälschen das Messergebnis: Die scheinbare Wärme lässt das Bad kalt.

Flächen wärmen Eine Fußbodenheizung hilft geizen: Sie kommt mit Vorlauftemperaturen zwischen 35 bis 40 Grad aus, und mit warmen Füßen fühlt man sich schon wohlig warm in zwei bis drei Grad kühlerer Raumluft als üblich. Die Bodenrohre nehmen keine Stellfläche weg, und sie verwirbeln weniger Staub als Heizkörper – ideal für Allergiker. Radiatoren wärmen die Raumluft, Flächenheizungen in Boden und/oder Wand die Oberflächen. Sie bleiben trocken, dort siedelt kein Schimmelpilz. Materie wärmt sich jedoch träger als Luft – Flächenheizungen kann man mit Radiatoren kombinieren.

Warmwasser-Bereiter

Zentrale Warmwasserversorgung ist in neu gebauten Häusern die Regel: Von Kessel und/oder Sonnenkollektor erwärmtes Heizwasser durchströmt eine Rohrheizfläche im Brauchwassertank und gibt seine Wärme ab an das Badewasser im Speicher. Eine Pumpe hievt es über ein Rohrnetz ins Bad. Wie heiß das Wasser aus dem Hahn fließen soll, stellt man am Kessel ein; er hält den Inhalt des Warmwasserspeichers ständig auf Soll-Temperatur. Wer im Mehrfamilienhaus modernisiert, macht sich oder seine Mieter mit einer Etagenheizung unabhängig vom Wärmebedürfnis der Mitbewohner. Für die Wohnung gibt es kompakte

Wärmespender:
1 Wellenskulptur
2 Raumteiler

Heizkörper-Blende:
3 Befestigung ist von vorn unsichtbar.
4 Druckmotiv auf Glas.

Heizzentralen, die in eine Abstellkammer, in Küche oder Bad passen. Diese Kessel-Speicher-Units gibt es für Gas oder Öl, man benötigt einen Schornsteinanschluss. Wo man kompliziert einen neuen Kamin einziehen müsste, entscheidet man sich für eine Gastherme. Ihr genügt ein Abgasstutzen, der sich durch Außenwand oder Dach führen lässt. Die Thermen temperieren Bad, Küche und Wohnräume und wärmen in einem getrennten Kreislauf Trink- und Badewasser, während es durch das Gerät läuft. Dezentrale Wasserwärmer Die Installation eines Durchlauferhitzers oder -speichers ist sinnvoll, wo wenig Warmwasser gebraucht wird, die Zapfstelle weit entfernt ist von der Heizzentrale sowie in Alt- und Neubauten ohne Zentralheizung. Die Zeichnung auf Seite 35 zeigt unterschiedliche Möglichkeiten: Je nach Bauart versorgt ein Gerät alle Zapfstellen in Bad und Küche oder nur eine einzige. Anschaffung und Wartung solcher Einzelgeräte kosten mehr, und wegen begrenzter Heizleistung kann es zu Wartezeiten am Wasserhahn kommen. Im gasbeheizten Wasserspeicher erhitzt ein Gasbrenner unter dem Standspeicher das Wasser im Behälter. Wer keinen Gasanschluss hat, installiert einen Stromspeicher und wärmt das Wasser mit preiswertem Nachtstrom; der Billig-Tarif gilt meist auch am Wochenende –

Sonne wärmt Duschwasser kostenlos

Dr. Sebastian Fasbender, Bundesverband Solarwirtschaft, Berlin

»

Was muss man montieren für eine Solaranlage ?
Solarthermische Anlagen bestehen aus einem Kollektor, einer Regeleinheit mit Pumpe und einem Warmwasserspeicher. Im Kollektor sammeln eigens beschichtete Kupferbleche die Solarenergie, in Kupferrohren unter den Blechen fließt eine Wärmeträgerflüssigkeit. Die Regeleinheit mit Pumpe transportiert die Wärme zum Speicher. An einem Wärmetauscher geht sie aufs Speicherwasser über.

Wer sagt uns, ob unser Haus sich für eine Anlage eignet?
Die Sonnenintensität in Deutschland reicht. Ideal: eine zwischen Südost und Südwest ausgerichtete, schattenfreie Dachfläche mit 20 bis 60 Grad Neigung.

Wie steht es mit Kollektorfläche und Speichervolumen?
Pro Person rechnet man für die Brauchwasser-Erwärmung 1 bis 1,5 qm Kollektorfläche nach Süden – mit etwas mehr erzielt man auf einer West- oder Ostseite den gleichen Energie-Ertrag. Der Speicher im Keller ist etwa 2 m hoch und benötigt 1 qm Stellfläche.

Stehen wir irgendwann unter der kalten Dusche?
Von Mai bis September decken 1 bis 1,5 qm Kollektorfläche pro Person den Bedarf sicher. Für den Winter müsste man die Kollektorfläche unwirtschaftlich vergrößern. Aber die Anlage wärmt das Wasser vor, die herkömmliche Heizung muss nur Restwärme liefern.

«

Wie viel Wasser brauchen Sie?

So viele Liter sollte Ihr Warmwasserspeicher fassen

	Waschbecken		Dusche		Wanne
75 Liter	mehrere gleichzeitig	oder	eine Komfortdusche	oder	nicht ausreichend
135 Liter	mehrere gleichzeitig	oder	bis zwei Komfortduschen	oder	nicht ausreichend
160–200 Liter	mehrere gleichzeitig	plus	eine Komfortdusche	plus	komfortabel

2000 Kilowatt zum Nulltarif

6 qm Sonnenkollektor liefern jährlich die Energie zum…

… Baden		… Duschen		… Spülen		… Wäschewaschen
400-mal	oder	2000-mal	oder	3300-mal	oder	5000-mal

erkundigen Sie sich bei Ihrem Stromanbieter. Das Wasser kühlt im Lauf des Tages ab, unter der Woche muss man eventuell zum regulären Preis nachheizen. Drucklose oder offene Elektro-Warmwasserspeicher sind preisgünstiger als geschlossene Druckspeicher. Letztere liefern aber mehr warmes Wasser, und man kann zwei Wasserhähne zugleich aufdrehen – Vater duscht zum Beispiel, der Sohn putzt sich die Zähne. Im Durchlaufspeicher stecken ein Durchlauferhitzer und ein geschlossener Elektrospeicher. Benötigt man viel Warmwasser, schaltet sich automatisch eine hohe Heizleistungsstufe dazu. Auch Durchlauferhitzer versorgen eine oder mehrere Zapfstellen. Sie wärmen das Wasser, während es durch das Gerät läuft. Ständiges Abkühlen und Aufwärmen des Wasservorrats entfällt – Besitzer von Durchlauferhitzern sparen bis zu 20 Prozent Wasser und Energie. Die ausströmende Warmwassermenge ist jedoch in der Regel geringer als von Warmwasserspeichern. Elektronik passt die Heizleistung automatisch der Temperaturvorwahl an, auch der Durchflussmenge und der Kaltwasser-Temperatur. Moderne Geräte arbeiten mit solar vorgewärmtem Wasser, sie sparen auf diese Weise bis zu 60 Prozent Energie. Genießer regeln die Wasserwärme vom Bett aus per Fernbedienung, um später in Lieblingstemperatur zu baden. Früher verunzierten klobige Öfen das Bad, heute

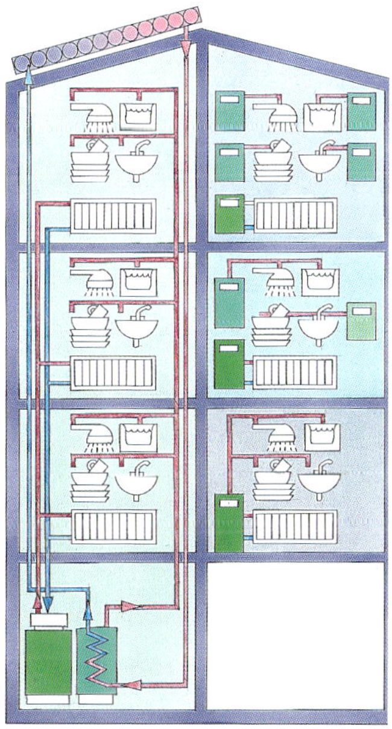

Linke Haushälfte: zentrale Wasserversorgung; rechts dezentrale.

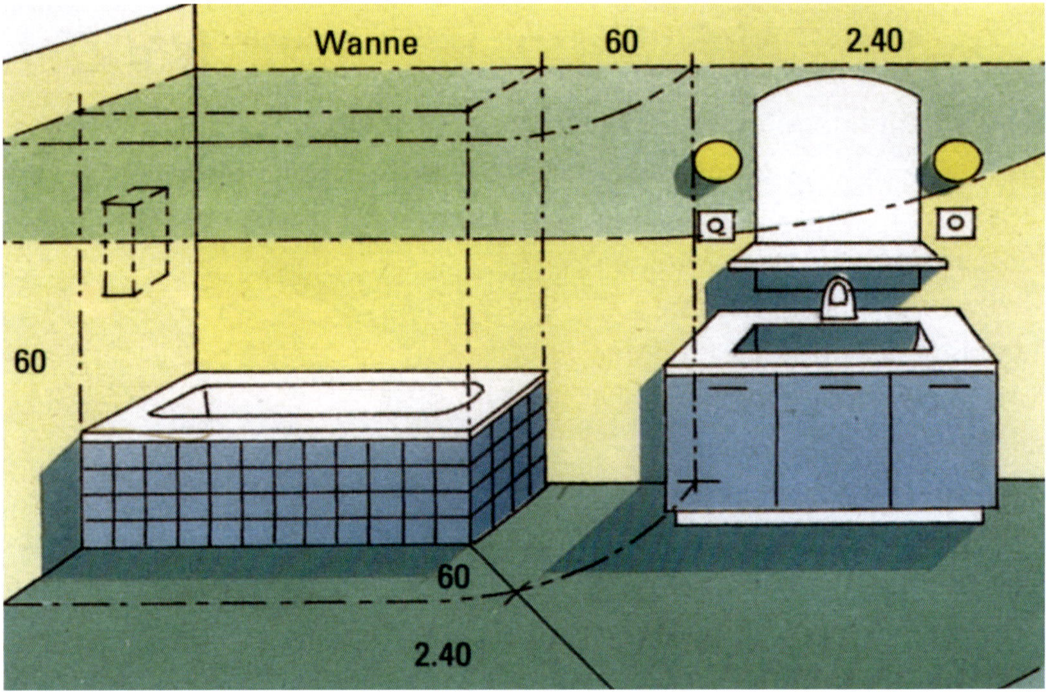

Wasser und Elektrizität – brisante Mischung. Für den Bereich um Wanne und Dusche gilt eine Sicherheitszone, in der man nichts installieren darf. Ausnahme: spritzwassergeschützte elektrische Warmwasser-Bereiter.

hüllen Designer die Ingenieurskunst in ansprechende und kompakte Blechhüllen. Wem sie nicht gefallen, der versteckt sie in einem Schrank, der zu den Bad- oder Küchenmöbeln passt.

Elektro-Installation

Geben Sie Planung und Installation von Kabeln, Schaltern und Steckdosen in die Hände von Profis. Für elektrische Leitungen und Geräte im Bad gibt es Tabuzonen: Auf der Fläche von 225 Zentimeter über und 60 cm neben Badewanne und Dusche dürfen keine Steckdosen und Schalter montiert werden. Der gleiche Umkreis gilt für das Waschbecken, wenn es mit einer Brause-Armatur ausgestattet ist. Leuchten sind in diesem Bereich nur erlaubt, wenn sie nach Schutzart IPX4 oder IPX5 hergestellt sind – fragen Sie im Geschäft danach. Im Abstand bis zu 3 Meter zu Dusche und Wanne müssen Sie Geräte und Dosen mit einem Fehlerstrom-Schutzschalter absichern. Diese Fi-Schalter trennen das eingeschaltete Gerät innerhalb von 0,2 Sekunden vom Netz und reagieren damit schneller als herkömmliche Sicherungen.

▶ **Geld beisammen halten, Umwelt-Ressourcen schonen:**
Tipps zum Wassersparen finden Sie bei www.haus.de/bad

Wir wählen das optimale Heizsystem

Nichts vermiest zuverlässiger die gute Laune, als morgens in ein kaltes Bad zu kommen oder in einer halbleeren Wanne zu dümpeln, weil das Warmwasser nicht reicht für ein wohliges Vollbad. Wir sprechen mit dem Heizungsbauer und finden mit ihm eine Lösung, die zu uns passt.

Unsere Checkliste zum Abhaken:

1. *Unsere Zentralheizung ist in den letzten zehn Jahren modernisiert worden und soll auch das neue Bad zuverlässig und energiesparend versorgen.* ❍
2. *Unsere Heizung ist nicht mehr die jüngste; wir fordern eine kostenlose Modernisierungs-Beratung an unter www.oelheizung.info/* ❍
3. *In unserem Haus fehlt eine Zentralheizung, wir vergleichen Anschaffungs- und Betriebskosten, Umweltverträglichkeit und Komfort unterschiedlicher Systeme für die Heizung und Brauchwasser-Erwärmung.* ❍
4. *Wir lassen für unseren durchschnittlichen Warmwasserverbrauch ausrechnen, wann sich die Investition in eine Solaranlage amortisiert.* ❍
5. *Wir müssen die Kosten im Auge behalten und begnügen uns mit Standard-Heizkörpern.* ❍
6. *Wir möchten etwas Besonderes, wünschen uns einen Heizkörper mit Schick – er darf ruhig etwas kosten.* ❍
7. *Wir möchten auf jeden Fall eine Fußbodenheizung, die sich auch sommers wirtschaftlich betreiben lässt.* ❍
8. *Für uns käme dezentrale Warmwasserbereitung in Frage.* ❍

Heizung und Warmwasserbereitung verbrauchen fast 90 Prozent der Energie im Haushalt. Für einen Kostenvergleich von Anlagen sollte man Investitionskosten der Teile und laufende Energiekosten berücksichtigen. Die Arbeitsgemeinschaft für sparsamen und umweltfreundlichen Energieverbrauch e. V. (ASUE) stellt im Ratgeber »Wärmeversorgung im Neubau« einen Vollkostenvergleich gängiger Systeme vor – gratis bestellen unter Ruf 06 31-3 60 90 70 oder per Mail: info@asue.de

check

So finden wir Waschtisch, Wanne & Co

Sanitärobjekte prüfen und kaufen: Modelle und Materialien, Standort und Pflege

Anschauen, aussuchen und schwelgen – wer sein Bad plant, sucht meist zuerst den Waschtisch aus. Wichtigste Frage: Becken an die Wand hängen, in eine Platte einbauen oder draufstellen? Dann: einen Platz suchen für die Wanne – an einer Wand, in einer Ecke oder mitten im Raum. Bleibt ausreichend Platz für eine Duschkabine? Oft bietet sich eine Raumnische an oder die Freifläche zwischen Wannenende und Wand. Schließlich noch: Hygiene nach Maß – WC und Bidet zum Aufstellen oder An-die-Wand-Hängen. Wer neu baut, schöpft aus dem Vollen. Im Altbau bestimmen bauliche Vorgaben und bereits bestehende Versorgungsschächte die Wahl der sanitären Einrichtung.

Je tiefer die Waschtisch-Mulde, desto trockener bleibt der Rand – aus flachen Schüsseln spritzt Wasser leicht zurück.

Waschbecken

Einbauwaschbecken versenkt man ähnlich wie die Küchenspüle in einer wasserfesten Platte aus Holz, Natur- oder Acrylstein, auf der man das Waschzeug abstellt. Alternative: Becken einlassen in eine feuchtraumgeeignete, geflieste Gipsplatte; sie lässt sich sogar zur Wand hin hochbiegen, so bleibt kein Wasser auf der Fuge stehen. Hängewaschbecken sind gang und gäbe, man dübelt sie an die Wand. Auf vielen Modellen ist leider kaum Platz

Waschtisch-Modelle:
❶ *Bündiges Einbau-Becken*
❷ *Einbau-Becken mit Schwallrand*
❸ *Aufsatz-Becken*
❹ *wandhängendes Becken*

1

2

3

4

Funktion und Hygiene prüfen

Objekte aus Keramikserien harmonieren in Form und Farbton. Wer sparen will, lässt sich Ausstellungsstücke reservieren und kauft sie später zu reduzierten Preisen, Schadensfreiheit vorausgesetzt. Markenware ist auf ihre Strapazierfähigkeit getestet, für No-Name-Produkte gibt es oft keine Ersatzteile. Glatte Oberflächen sind leicht zu reinigen und vermeiden Schmutznester und Bakterien.

tipp

für Seife und Zahnputzbecher. Wer gewohnt ist, seine Utensilien in Greifnähe abzustellen, kauft ein Becken mit breitem Rand. Es gibt auch Becken mit integrierter Ablage nach Maß.

Material wählen Keramik-Oberflächen kennt jeder: Sie widerstehen heißem Wasser und Chemikalien, die man zur Körperpflege und zum Säubern des Waschbeckens benutzt. Die meisten Menschen kaufen weiße Becken; auf dunklen Farben sieht man gnadenlos jeden Kalkfleck, man putzt und putzt: wahlweise mit Essig, Scheuermilch, Pulver und Schwamm. Die meisten Sanitärhersteller überziehen auf Wunsch die Keramik mit einer speziellen Schicht – Aufpreis um 50 Euro pro Becken: Wasser perlt daran ab und reißt Schmutz und Kalk mit. Waschbecken aus Sanitäracryl oder Acrylstein fühlen sich wärmer an als Keramikteile. Der Kunststoff lässt sich in der Fabrik ideenreich formen und färben, zum Beispiel auch wie Marmor. Plumpst eine Glasflasche ins Becken, springt nicht gleich eine Macke raus. Falls doch: Sie lässt sich flicken mit Reparatur-Paste. Scharfe Schwämme oder Scheuerpulver verkratzen die Oberfläche, Acrylwaschbecken säubert man mit einem Lappen und Essig, Essigreiniger oder einem milden Sprühschaum – ob das Mittel sich eignet, lesen Sie auf der Verpackung. Waschbecken aus Glas sind schick, hygienisch, hitze- und säurebeständig und leicht zu pflegen. Auf

Wanne rechtzeitig aussuchen – für ein freistehendes Modell muss der Installateur Kalt- und Warmwasserleitung und das Abflussrohr in die Raummitte abzweigen.

Stöße mit Parfümflasche oder Zahnputzbecher reagiert das Material ebenso empfindlich wie ein Keramikbecken.

Montagehöhe prüfen Wählen Sie fürs Waschbecken den hellsten Platz im Bad – möglichst an der Wand(stelle), auf die zu Ihrer gewohnten Aufstehstunde ein Sonnenstrahl trifft. Lässt man dem Installateur freie Hand, montiert er das Waschbecken in 85 Zentimeter Höhe, gemessen zwischen Bodenbelag und Beckenrand. Dieser Standard soll für Menschen mit 1,85 cm Körpergröße bequem sein. Probieren Sie unbedingt selbst aus, ob Ihr Waschbecken niedriger oder höher hängen soll: Stellen Sie sich vor die leere Wand, strecken Ihre Arme vor dem Körper nach unten aus. Heben Sie die Hände rechtwinklig an und markieren die Höhe Ihrer Handflächen. Dort soll sich der Grund des Waschbeckens befinden, sonst bereiten Zähneputzen und Gesichtwaschen bald Rückenschmerzen.

Badewanne

Leseratten brauchen eine Wanne mit eingebauter Nackenstütze und Buch-Halter, Duscher ein Modell mit Brausezone und Spritzschutz. Es ist ratsam, vor dem Kauf eine Ausstellung zu besuchen und Probe zu liegen. Wer sich geniert, misst sich ersatzweise.

Wannen-Ideen:
1. *Platzsparend in die Ecke schmiegen.*
2. *Repräsentativ in die Mitte rücken.*
3. *Schick in ein Podest aus Holz oder Metall einlassen.*

Die Wanne ist am bequemsten, wenn Ihre Schulterhöhe und die Innenhöhe der Badewanne übereinstimmen und Ihre Schulterbreite mit der Breite der Wanne. Ist der Bottich zu groß, rutscht man hin und her. Muss man aus Platzgründen ein Modell wählen kürzer als 170 Zentimeter Standard-Stellfläche, sollte man darin tiefer tauchen können als die üblichen 55 cm. Sonst fröstelt man rasch an Oberkörper oder Beinen.

Größe festlegen Der Kauf eines Familien-Pools mag reizen. Bau-Ökologen berechnen aber vorher überschlägig den Wasser-Mehrverbrauch im Vergleich zur üblichen 150-Liter-Wanne. Altbau-Sanierer multiplizieren zudem das Fassungsvermögen der Wanne mit dem Gewicht von Wasser (1 Liter entspricht 1 Kilogramm), addieren Wannen- sowie Körpergewicht und besprechen dann mit einem Statiker, ob die Geschossdecke stabil genug ist, das alles zu tragen. Wer das Besondere sucht oder gegen einen komplizierten Grundriss kämpft, findet Modelle mit fünf, sechs und acht Ecken – sie drücken sich in Nischen und bieten sich besonders in engen Bädern an. Kombinierte Dusch-Badewannen lassen sich doppelt nutzen und brauchen weniger Stellfläche als zwei separate Becken: Die Duschzone befindet sich am Fußende der Wanne, ist breiter als das Kopfende oder leicht bauchig. Die Standfläche im Duschabteil liegt eben und damit rutschsicher. Die Duschabtrennung passt sich der besonderen Wannenform an.

Komfort mitkaufen Wassersparend sind Wannenwände, die zu den Füßen hin enger werden. Für eine großzügige Wellness-Landschaft wählt man zwischen freistehenden Wannen in runder Form, oval oder rechteckig. Raffinierte Details tragen zum Wohlgefühl bei: Nackenrollen stützen den Kopf, Armlehnen geben Halt, Griffe sichern den Einstieg – alles unauffällig in Mulde oder Rand der Wanne integriert. Wer gern zusammen mit Partner oder den Kindern badet, wählt ein Modell mit mittigem Ablauf, dann muss niemand auf dem Stöpsel sitzen.

Material aussuchen Eine Wanne aus Kupfer oder emailliertem Gusseisen ziert stilecht ein Bad in einem historischen Haus. Ob Original aus einem Handel für antike Bauteile oder Replik mit modernem Komfort: Die Nostalgiewanne auf Füßen und mit nach außen gebogenem Rand findet auch heute noch ihre Liebhaber. Das Ding wiegt schwer, für die Montage benötigt man kräftige Männer. Im Altbau könnte die Decke schwächeln – fragen Sie den Statiker! Metall speichert Wärme gut, ist unempfindlich gegen Flecken und Kratzer. Bevor Sie eine unansehnliche Wanne zum Sperrmüll schleppen: Erkundigen Sie sich nach den Kosten für eine Restaurierung. Eine Firma, die Emaillierarbeiten ausführt, hilft weiter – im Branchenbuch oder Internet unter dem

Für ein Vollbad braucht man Muße, unter die Dusche springt man schnell. Das spart Zeit – und Wasser sowie Energie. Im Vergleich zu einem Vollbad verbraucht Duschen nur ein Fünftel an Wasser.

Stichwort »Lackierereien« suchen. Emailliertes Stahlblech zählt zu den klassischen Materialien, ist fast so schwer wie Gusseisen, jedoch für Badewannen der preiswerteste Stoff – sie kosten etwa die Hälfte von Wannen aus Sanitäracryl. Stahlblech ist schwieriger zu formen als Kunststoff, es gibt weniger Auswahl. Die emaillierte Oberfläche fühlt sich kühl an, wo das Badewasser nicht hinreicht; das Wasser selbst bleibt lange warm. Email ist wenig kratz- und stoßfest, kleine Schäden lassen sich ausbessern mit flüssigem Email aus der Tube. Acryl lässt sich im Werk gut formen und färben, die Wannen sind Leichtgewichte. Der Kunststoff fühlt sich angenehm warm an, ist einigermaßen strapazierfähig. Kleine Kratzer verschwinden mit dickflüssiger Möbelpolitur, große Risse mit flüssigem Acryl. Wannen aus Stahl mit Acryl-Oberfläche kombinieren Vorteile, speichern Wärme wie Stahl und fühlen sich warm an wie Kunststoff.

Dusche

Zum Brausen braucht man eigentlich wenig Licht, aber in die dunkelste Badecke sollten Sie die Dusche dennoch nicht verbannen. Wo es nicht anders geht: Speziell entwickelte Beleuchtungssysteme für Feuchträume (wie Bäder in der Architekten-

Türlose Duschwand: Die Dusch-Schnecke mit großzügigem Eingang und separatem Duschbereich verwöhnt mit Kopf-, Seiten- und Handbrause und integrierten Ablagen für Utensilien.

Duschwand: Ganz dicht?

Manchmal schützt schon kräftiges Rütteln an der Duschentür vor einem Fehlkauf. Je höher die Profilschwelle, desto dichter die Kabinentür. Über flache Profile stolpert man weniger, sie lassen aber auch Brausespritzer durch. Um das zu verhindern, klemmen viele Hersteller eine Kunststoff-Dichtung unten an die Tür, sie fängt Kalk und Feuchte. Kabinen ganz ohne Schwelle: ästhetisch, aber undicht – man wischt.

info

sprache heißen) bringen Helle in finstere Nischen. Ausgeklügelte Modelle warten mit integrierten Lichtlein auf – im Rahmen, in den Scheiben oder am Kabinenhimmel. Als Mindestmaß für eine einigermaßen bequeme Dusche gilt eine Fläche von 75 x 75 Zentimeter; füllige Menschen brauchen mehr Platz. Wo Quadratmeter keine Rolle spielen, stellt man die Dusche frei vor eine Wand. Schützen Sie Mauern hinter und neben Dusche und Wanne auf jeden Fall mit einer Abdichtung, sonst sickert im Spritzwasserbereich Feuchte ins Gestein und verursacht Bauschäden – auch unter Fliesenbelägen.

Email oder Acryl? Duschwannen aus Acryl kosten weniger als Emailduschen und widerlegen alle Vorurteile: Das Material gibt auch unter dem Gewicht schwerer Personen nicht nach, sofern die Wanne korrekt eingeschäumt wurde oder in einem Hartschaumträger sitzt. Die Oberfläche eines Acryl-Beckens ist auch nicht rutschiger als Email. Wer ganz sicher gehen will, wählt eine Duschtasse mit rutschfester Oberfläche – weitere Sicherheitstipps ab Seite 68. Neben Standard-Quadrat stehen Viertelkreis, Fünf- oder Sechseck, Kreis oder Oval zur Auswahl. Die Außenmaße üblicher Duschtassen variieren von 70 x 70 bis 120 x 120 Zentimeter. Für kleine Bäder gibt es Mini-Duschen bis hinunter zu 50 cm Schenkellänge, für Badesäle XXL-Formate in Bade-

wannenmaßen. Ein Spritzschutz verhindert Überschwemmungen. Ein Duschvorhang ist schnell aufgehängt und preiswert, neigt leider am Saum zum Schimmeln. Eine Trennwand gilt als länger haltbar und hygienischer. Ob eine Tür zum Schieben, Ziehen oder Drücken die richtige ist, entscheidet oft der Platz im Bad: Schiebetüren beanspruchen vor der Dusche keinen Platz und knallen nirgendwo dagegen. Sie lassen sich meist nicht so weit öffnen wie Pendeltüren – eher etwas für schlanke Duscher. Profile wählen Bleibt noch die Wahl der Profile: breit, stabil und preiswert oder filigran und kostspieliger? Es gibt auch Abtrennungen ganz ohne Profile. Damit die Wand nicht wackelt, ist Konstruktionsaufwand notwendig – schick und teuer.

Ein Bidet sieht der Toilette ähnlich, ist jedoch ein Zwischending zwischen Waschbecken und Badewanne. Das Becken ermöglicht Intim-Hygiene auch für Menschen, die eingeschränkt mobil sind, die Badewanne nicht benutzen können oder Angst haben, in der Dusche auszurutschen.

WC & Bidet

Stand-WCs werden im Boden verschraubt. Stutzen und Anschluss ans Abflussrohr von Klo-Veteranen ragen aus dem Fußboden, von neueren Modellen aus der Wand; der Spülkasten sitzt vor der Wand. Für Wartungsarbeiten lassen sich alle Teile von Stand-WC und Standard-Spülkasten gut erreichen. Beim Saubermachen wird man das Sammelsurium aus Rohren, Ritzen und Rillen verwünschen. Ein Hänge-WC mit Spülkasten in der

WC und Spülung:

1. *Klassisches Standmodell mit passendem Bidet in aktueller Form.*
2. *Modernes Hänge-WC, trägt bis zu 400 Kilogramm Gewicht.*
3. *Unterputz-Spülkasten in Vorwand-Installationsmodul, mit glänzender Drückerplatte und farbig lackierter Verkleidung.*

1

3

2

Wand ist pflegeleichter, man wischt unterm Becken her. Moderne Wasserreservoire brauchen eine Mauer, die man 12 Zentimeter tief aushöhlen kann. Schließt der Spülkasten bündig ab mit der Wand, lässt sich die Toilette näher daran rücken. Man gewinnt bis 20 Zentimeter Platz – viel in Winz-Bädern. Wo die Mauer nicht stark genug oder die Montage von Wärmedämmung und Dampfsperre kompliziert ist, installiert man ein Modul mit Kasten und Abfluss-Anschluss vor die Wand.

Konstruktionsarten Im Flachspül-WC bleiben die Ausscheidungen in einer Mulde liegen – trotz unangenehmen Geruchs sinnvoll, wenn jemand in der Familie zur Gesundheitsvorsorge seinen Stuhl kontrollieren muss. Tiefspülklosetts fangen die Fäkalien geruchlos im Wasser auf, Absaugtoiletten saugen das Sperrwasser komplett fort samt Ausscheidungen und Papier. Üblicherweise montiert man WCs und Bidets in 40 Zentimeter Höhe. Große oder behinderte Menschen und Senioren sitzen auf 50 cm Höhe bequemer. Bidets können für die Intimpflege benutzt werden, für Fußbäder und wegen der geringen Höhe als Kinderwaschbecken – mit Deckel ersetzen sie den Badhocker.

▶ **Schönheit zum Kaufen: Dusche, Wanne & Co – die aktuelle Produktschau finden Sie im Internet: www.haus.de/bad**

Wir richten jetzt unser Bad ein

Wir befinden uns in einer der lustvollsten Phasen der Badplanung: durch Ausstellungen und Baumärkte streifen und schick einkaufen gehen – Waschtisch, Badewanne und/oder Duschkabine und ein WC. Soweit das möglich ist, probieren wir die Objekte vorher aus – manchmal tarnt sich Unpraktisches mit schickem Design.

Unsere Checkliste zum Abhaken:

1. *Wir verzichten auf das staubige Schlitzestemmen, verlegen die Wasser- und Abwasserrohre vor der Wand und kaschieren die Technik mit einer Vorsatzschale. So können wir im Altbau die Position der Becken verändern und gewinnen zugleich eine prima Ablage.* ❍
2. *Wir überlegen, ob wir den hässlichen Standard-Siphon unterm Waschbecken ersetzen durch ein Designerteil oder ihn verkleiden mit einer Halbschale aus Keramik, Lochblech oder Edelstahl.* ❍
3. *Wir sprechen Alternativen durch zur herkömmlichen Brausekabine aus Kunststoff oder Glas – Duschwände lassen sich ja auch mauern, aus Glasbausteinen errichten oder mit vorgeformten Hartschaumwänden bauen.* ❍
4. *Vielleicht kaufen wir in ein paar Jahren wieder ein neues Waschbecken, die Badewanne werden wir wohl ewig haben. Wir suchen sie besonders sorgfältig aus und lassen uns die verschiedensten Typen erklären – vom Standardmodell bis zum Whirlpool.* ❍
5. *Wir haben das Bedürfnis nach umfassender Frische und installieren auf jeden Fall ein Bidet.* ❍

Testen Sie Ihre Träume auf Tauglichkeit – dabei helfen dieses Buch und die Vereinigung Deutsche Sanitärwirtschaft e. V. (VDS): Auf www.gutesbad.de finden sich unterschiedliche Grundrisse und aktuelle Produkte für das Badezimmer. Auf dem Bildschirm lässt sich das eigene Traumbad detailliert gestalten; Waschbecken, Dusche, Wanne, WC und Bidet schiebt man per Mausklick in die gewünschte Position. Ebenfalls online abrufbar: der Kostenvoranschlag eines Fachbetriebs.

check

So kaufen wir die Armaturen

Wasserhähne für Waschtisch, Wanne und Dusche: Auswahl, Materialien und Montage

Wir zahlen für jeden Kubikmeter (1000 Liter) Wasser einschließlich Abwassergebühren bis zu 4 Euro und mehr – auf 40 Grad erwärmt, kommt ein Kubikmeter auf rund 5 Euro. Fällt aus einem tropfenden Wasserhahn pro Sekunde ein Tropfen, macht das pro Stunde 0,7 Liter – 17 Liter täglich. Rinnt gar ein dünner Strahl von 1 Millimeter Durchmesser, verschwendet die Armatur 79 Kubikmeter pro Jahr, das kostet Sie 300 Euro – Grund genug, neue Armaturen zu kaufen.

Modellvielfalt gestaltet Badezimmer individuell und lässt Besucher oft stutzen: Muss man an der Armatur drehen oder ziehen, schieben oder drücken? Hier lässt ein Joystick das Wasser über eine Glasschale fallen.

Waschtisch-Armaturen

Früher als Ihnen vielleicht lieb ist, wird der Installateur Sie fragen, welchen Waschbecken-Typ Sie sich ausgesucht haben – ein »normales«, das an der Wand hängt, oder eine der modischen Waschschüsseln, die man auf Tischchen oder Platte stellt. Die Art des Waschbeckens und die Montagehöhe bestimmen die Position der Kalt- und Warmwasser-Anschlüsse und des Siphons. Die Armatur für ein wandhängendes Waschbecken sitzt in der Regel in 85 Zentimeter Höhe auf dem Beckenrand, die Wasseranschlüsse (Eckventile) unterm Becken in 55 cm Höhe – gemessen vom fertigen Fußbodenbelag aus. Soll das Wasser in eine Schale plätschern, brauchen Sie einen Wasserhahn, der mit hohem

Armaturen-Typen:
❶ Einhebel-Mischer
❷ Dreiloch-Armatur
❸ Unterputz-Armatur
❹ Hoher Auslauf für Waschschalen

Wasser spritzt nach allen Seiten?

Selbst Edel-Armaturen liefern nach einiger Zeit ungezielte Rinnsale statt eines satten Strahls nach unten. Ursache: Der siebförmige Einsatz im Auslauf ist verkalkt, oder Teilchen aus der Leitung mindern den Durchfluss. Schraubring der Armatur gegen den Uhrzeigersinn lösen, Sieb entnehmen und entkalken. Nach dem Einsatz des frischen Siebs den Schraubring nur sachte anziehen mit der Hand.

tipp

Bogen über den Schüsselrand reicht, oder eine Wandarmatur – dann müssen längere Leitungen her.

Preisunterschiede Es gibt Armaturen für 50 Euro und weit mehr als das Zehnfache. Kostspielige Armaturen haben umfangreiche Tests hinter sich. Kleinserien werden im Labor eine halbe Million Mal geöffnet, geschlossen, geöffnet, geschlossen. Das entspricht einer Nutzungsdauer von etwa 20 Jahren. Darüber hinaus lassen die Versuchstechniker zwei Monate lang Putzmittel auf die Armatur einwirken, in einer Klimakammer prüfen sie mit Salzwasser die Korrosionsfestigkeit des Wasserhahns. Eine geprüfte Armatur hält Wasserdruck aus, der achtmal höher liegt als der Druck in einer üblichen Haushalts-Wasserleitung. Markenhersteller bieten fünf Jahre Gewährleistung auf die Armatur, sofern ein Sanitärinstallateur sie montiert hat, darüber hinaus eine zehnjährige Nachkauf-Garantie für Aufputzmodelle und fünfzehn Jahre für Unterputz-Modelle. Geht an No-Name-Armaturen etwas kaputt, bleibt oft nur noch die Mülltonne.

Armaturen-Typ Die einfachste Form ist die Zweigriff-Armatur – am linken Griff regelt man die Menge des warmen Wassers, rechts das kalte – an Armaturen aus Großbritannien und Repliken historischer Wasserhähne ist es häufig umgekehrt. Zweigriff-Armaturen gibt es auch mit getrennten Hebeln als soge-

Der beste Platz für eine Waschtisch-Armatur ist in der Mitte des Beckens, dort in der »Hahnbank« befindet sich das Loch für die Montage. Gefällt Ihnen eine Dreiloch-Batterie, bestellen Sie einen Waschtisch mit drei Bohrungen. Soll die Armatur seitlich in eine Platte montiert werden, probieren Sie aus, ob sich Hebel oder Griffe in der gewünschten Position bequem auf- und zudrehen lassen.

nannte Dreiloch-Armatur. Der Auslauf spendet die Mischung; bis die Idealtemperatur erreicht ist, fließt oft viel wertvolles – und vielerorts teures – Trinkwasser in den Abfluss. Trotzdem passt in manches Bad solch eine Zweigriff-Armatur stilistisch ganz gut. Die Hersteller solcher Armaturen bauen auch in nostalgische Wasserhähne zeitgemäße Umwelttechnik: Sie verkürzen die Drehstrecke der beiden Griffe, das Wasser mischt sich schneller. Heute gang und gäbe sind Einhebelmischer, sie führen heißes und kaltes Wasser unmittelbar zusammen, man erreicht optimale Wassermenge und Wunschtemperatur rasch. Je weiter der Kreis, den der Hebel drehen kann, desto feiner die Regelung: Der Hebel – korrekt Schieber genannt – bringt zwei gelochte Platten in der Armatur so übereinander, dass Wasser durch die Löcher fließen kann.

Geräuschgruppe Studieren Sie die Armaturen-Verpackung. Darauf finden Sie in einem groß gedruckten »Ü« zwei Ziffern und vier Buchstaben – die letzte Ziffer und der letzte Buchstabe geben Auskunft über die sogenannte Geräuschgruppe und die Durchflussklasse. Fließendes Wasser rauscht und lärmt – voll aufgedrehte Armaturen der Geräuschgruppe 1 entwickeln unter üblichem Wasserdruck von 3 bar einen Geräuschpegel von ungefähr 20 Dezibel, sind also etwa so laut wie das Ticken einer

Edel: Armaturen unter Putz

Herkömmliche Waschtisch-, Wannen- und Duscharmaturen schraubt man auf die Rohrleitung, die ein Stück aus der Wand ragt – die Hähne sitzen auf dem Putz, daher der Name Aufputz-Armaturen. Von Unterputzarmaturen sieht man nur Hebel und Auslauf, das sogenannte Grundset verbirgt sich in der Wand – das ist teurer, sieht eleganter aus, und es gibt weniger zu putzen.

info

Wanduhr. Wasserhähne der Geräuschgruppe 2 arbeiten mit 30 Dezibel, das entspricht einem Gespräch im Flüsterton. Die geräuschvolleren Armaturen sind zugelassen für Einfamilienhäuser. In Mehrfamilienhäusern sollten Sie Flüsterarmaturen der Geräuschklasse 1 installieren.

Strahlwinkel Nach dem Händewaschen sind manchmal Rock oder Hose nass – der Wasserhahn ist falsch eingestellt oder erweist sich als teurer Fehlkauf, denn er passt nicht zum Waschbecken. Ein spezieller Luftsprudler lässt sich im Winkel verstellen, die Technik verbirgt sich unsichtbar im Auslauf und bringt den Wasserstrahl zielgenau dorthin, wo er gebraucht wird. Der Luftsprudler hat einen Strahlwinkel-Spielraum von zehn Grad in jede Richtung und lässt sich ohne Werkzeug an unterschiedliche Waschtischformen anpassen.

Wannen-Armaturen

Der letzte Buchstabe des Prüfzeichens auf der Packung gibt die Durchflussklasse an. Kennbuchstabe A sagt Ihnen: Der voll geöffnete Wasserhahn lässt einen Viertelliter Wasser pro Sekunde durch. Armaturen mit dem Kennbuchstaben B lassen 0,42 Liter

So liefern die Armaturen gesundes Wasser

Franz-Josef Heinrichs, Zentralverband Sanitär, Heizung, Klima, Sankt Augustin

»

Wasserwerke prüfen die Qualität unseres Trinkwassers. Kann es dennoch gefährlich sein?

Bis 1973 wurden noch gesundheitsbelastende Bleirohre installiert. Besitzer älterer Häuser sollten das Netz testen: Blei ist silbergrau, weich und mit einem Messer leicht einzuritzen. Bleirohre sollten schnell gegen Kupfer, Edelstahl oder Kunststoff ausgetauscht werden. Als Sofortmaßnahmen sollte man längere Stillstandszeiten des Wassers in den Leitungen vermeiden und mit den ersten Litern keine Speisen und Getränke zubereiten.

Wie schützen Eigentümer sich selbst oder Mieter?

Leitungs-Lecks können unter anderem durch Korrosion älterer Trinkwasserleitungen entstehen. Dauerhafte Sicherheit und Hygiene im häuslichen Leitungsnetz gewährleisten der »Trinkwasser-Check« sowie der »Entwässerungs-Check«. Beide werden von spezialisierten Innungsbetrieben des Sanitär- und Heizungshandwerks angeboten. Hausbesitzer erhalten Prüfprotokolle und Prüfsiegel und können das Lebensmittel Nummer Eins weiter in vollen Zügen genießen.

Wie findet man einen kompetenten Fachmann?

Adressen gibt es über die Gebäudetechnik-Hotline des Bundesinnungsverbandes ZVSHK, Ruf 01805-004399 (12 Cent/Gespräch) oder unter www.wasserwaermeluft.de, Rubrik »Handwerkersuche«.

«

pro Sekunde passieren, Wasserhähne mit dem Kennbuchstaben C einen halben Liter pro Sekunde. Je nach Armatur dauert es also vier oder acht Minuten, ehe eine Badewanne mit 120 Litern Fassungsvermögen voll ist.

Thermostate Für Wanne und Dusche gibt es Thermostat-Armaturen, sie liefern Wasser sofort und ohne Mischerei in der Temperatur, die Sie einstellen. Ein Dehnstoff-Element fühlt die Wasserwärme, vergleicht sie mit der Einstellung und fügt heißes oder kaltes Wasser automatisch hinzu. Eine Sicherheitssperre verhindert, dass das Wasser heißer als 38 Grad aus dem Hahn schießt. Wer das zu kühl findet, muss bewusst den Sicherheitsknopf entriegeln – so schützt man sich vor Verbrühung.

Auslauf Für die Wanne brauchen Sie Mischerhebel und Auslauf, meist montiert man einen Brauseschlauch mit Duschkopf dazu – je nach Modell besteht die Armatur aus einer Einheit oder drei separaten Teilen. Man befestigt alles auf Wand oder Wannenrand (Bohrung nur in Acryl möglich) oder wählt ein Standmodell wie auf dem Foto oben. Eine mehrteilige Armatur lässt sich auch aufteilen; man sucht für Hebel, Auslauf und Brause die jeweils komfortabelste Stelle. Gefallen Ihnen auskragende Wanneneinläufe nicht: Überlaufventile, die zugleich als Auslauf fungieren, sitzen flach im Wannenrand.

Säuberungsintensiv, aber extrem schick: Standarmatur für eine freistehende Wanne. Alternative: Zuleitungen in einer Schürze aus Holz oder Stein verstecken und den Auslauf auf den Wannenrand setzen.

Strahl-Arten – einzeln zu montieren oder alle zusammen in Fertig-Duschtempeln:
❶ Teller-Kopfdusche
❷ Handbrause
❸ Seitendüse
❹ Schwall

Brause-Armaturen

Flexible Schläuche koppeln Auslauf und Handbrause. Meist wählt man den Schlauch zu lang, dann verfängt man sich darin während des Badens oder stolpert in der Duschkabine. Der Schlauch sollte bis über den Kopf reichen, wenn man aufrecht in Wanne oder Dusche steht – bedenken Sie aber, dass der Wasseranschluss schon auf halber Wandhöhe sitzt. Komfort in die Dusche bringen die flexible Handbrause und eingebaute Kopf- und Seitenbrausen mit harten bis streichelzarten Massagestrahlen. Die Brausen gibt es einzeln zur individuellen Anordnung oder gereiht auf einem Paneel – mehr Infos sowie Wellness-Tipps finden Sie ab Seite 81. Behelf zum schicken Duschpaneel: Mit einer Brausestange wird aus der Handbrause eine höhenverstellbare Kopfbrause. Simple Stangen fixieren den Brausekopf mit einer Schraube, einfacher ist die Handhabung mit einer selbstarretierenden Brausestange. Pflegetipp: Wer Armaturen und Oberflächen aus Chrom oder Edelstahl gleich nach Gebrauch abtrocknet, vermeidet Kalkkrusten.

▶ **Alltags-Design zum Anfassen: Aktuelle Armaturen, Becken und mehr: online unter www.haus.de/bad**

Wir suchen unsere Armaturen aus

Form, Farbe und Preis verleiten gelegentlich zu Spontankäufen. Man baut die Armatur mit einem Lächeln ein – und ärgert sich dann über umständliche Bedienung, reinigungsintensive Rillen, schrille Wassergeräusche oder einen Wasserstrahl, der in alle Richtungen spritzt. Wir überlegen vor dem Kauf lieber gründlich.

Unsere Checkliste zum Abhaken:

1. *Wir wollen wassersparende Armaturen einbauen wie Einhebelmischer oder Thermostatbatterien. Sie sparen bis zu 30 Prozent an Wasser und Energie, um es zu wärmen.* ❍
2. *Wir installieren Durchflussbegrenzer, sie ersetzen Wasser durch Luft – der Strahl bleibt füllig mit weniger Wasser.* ❍
3. *Wir wärmen unser Wasser mit Durchlauferhitzer oder drucklosem Speicher – man braucht spezielle Armaturen ohne Durchfluss-Begrenzer. Wir fragen den Installateur, welche Armaturen in Frage kommen.* ❍
4. *Zwei gelochte Scheiben in der Armatur regulieren den Wasserfluss. Bestehen sie aus Keramik, schließen sie dicht, die Armatur tropft nicht nach. Solche Hahne sind zwar etwas teurer, aber das ist uns die Sache wert.* ❍
5. *Wir stellen vor dem Kauf sicher, dass die Armaturen unserer Wahl gut in der Hand liegen und keine scharfen Kanten haben.* ❍
6. *Wir lieben Schnickschnack – etwa eine Armatur, die einen heißen Strahl rot, einen warmen grün und einen kalten blau beleuchtet – als Orientierungshilfe für die Kinder.* ❍
7. *Wir wünschen uns auf jeden Fall Unterputz-Armaturen.* ❍

Wasserfluss erzeugt in der Armatur Schwingungen, sie übertragen sich über die Leitung auf die Wand und strahlen als Luftschall in den Nachbarraum. Eingebaute Schalldämpfer senken den Wert um 13 dB (A), verteuern den Wasserhahn. Forscher des Fraunhofer-Instituts für Bauphysik verglichen die Geräusche von Marken- und No-Name-Armaturen; 70 Prozent der Billigobjekte überschritten den zulässigen Pegel von 30 dB. Die lauteste Armatur erzeugte 47 dB – das entspricht leiser Radiomusik.

check

So gestalten wir Boden und Wand

Estrich und Fußbodenheizung, Bodenbeläge und Bekleidungen für die Wand

Woher kommen Wasser und Wärme, wohin sollen sie fließen, wie dämmt man Verluste? Das muss geklärt sein, bevor man schöne Fliesen aussucht oder die Wände malert.

Der Fußboden im Bad muss an allen Stellen wasserdicht sein, die Wände brauchen Schutz vor Spritzwasser nur dort, wo es auftrifft: wandhoch hinter der Dusche, halbhoch über Badewanne und Waschbecken.

Untergrund & Estrich

Eine wasserdichte »Bodenwanne« unterm Fußbodenbelag verhindert Feuchteschäden im Stockwerk darunter. Klassisches Verfahren: Auf die Betondecke Sperrfolie legen, die Bahnen sollen sich je 30 Zentimeter überlappen und an den Wänden 30 cm hochstehen. Rings an den Wänden entlang Dämmstreifen aufstellen, dann auf der Sperrfolie eine Wärmedämmschicht ausbreiten – im Bad nimmt man oft feuchtigkeitsresistente Hartschaumplatten; auch andere Dämmstoffe taugen. Über der Wärmedämmung verlegt man eine zweite Folie, um das Material vor der Feuchte des nun folgenden Estrichs zu schützen. Inzwischen verzichtet man häufig auf die unterste Folienschicht, weil der Estrich ohnehin mit einer Flüssigkeit abgedichtet wird. Am Übergang vom Boden zur Wand streicht man spezielle Eckprofile in die Flüssig-Folie ein. Der Estrich gleicht Unebenheiten der Beton-Rohdecke aus, je nach Material erhöht er zugleich den

Schall- und Wärmeschutz für die Geschossdecke. Nur unter Hobeldielen und massivem Parkett können Sie auf den Estrich verzichten: Die Beläge schraubt man auf Lagerhölzer, schiefen Untergrund gleicht der Parkettleger aus mit kleinen Keilen unter den Kanthölzern.

Trocken-Estrich Diese Unterlage besteht aus mehrlagigen Platten, die direkt auf die Rohdecke gelegt werden oder, falls diese sehr uneben ist, auf eine Trockenschüttung. Die 20 bis 25 Millimeter dünnen Elemente dämmen Schall schlecht, lassen sich aber leicht und schnell verlegen, auch von Heimwerkern. Sie schaffen in einer Stunde vier Quadratmeter, Profis das Doppelte. Hersteller von Trockenbau-Produkten bieten verschiedene Systeme an mit variablen Aufbauhöhen – achten Sie auf feuchtraumgeeignete Materialien und kombinieren Sie für den Fußbodenaufbau nur Schichten und Baustoffe, die eigens aufeinander abgestimmt sind.

Fließ-Estrich Nass-Estrich aus Zementmörtel oder Asphalt wird vor Ort angerührt und gegossen oder fließt aus einem Transporter durch einen Schlauch ins Haus. Nass-Estrich ist stabiler als Trocken-Estrich und empfehlenswert unter keramischen Fliesen. Zement-Estrich ist zwar nach drei bis vier Tagen begehbar, der Bodenbelag darf aber erst nach vier, besser sechs Wochen darauf verlegt werden – sinnvoll nur im Neubau. Gussasphalt kostet mehr als Zement-Estrich, verkürzt aber die Wartezeit. Der Baustoff wird draußen erhitzt und ins Haus getragen. Die Dämpfe enthalten krebserzeugende Stoffe – lüften Sie den Raum gründlich und lange! Asphalt dämmt Wärme besser als Zement-Estrich, lässt keine Feuchtigkeit durch, ist sofort trocken und nach drei Stunden kühl – dann können Sie schon den Bodenbelag montieren. Es gibt noch Anhydrit-Estrich und Magnesit-Estrich – sie saugen Wasser, eignen sich nicht fürs Bad. Als Heiz-Estrich bezeichnet man eine spezielle Form des Fließ-Estrichs, er ist geringfügig dicker als herkömmlicher Estrich und deckt das Heizschlangensystem der Fußbodenheizung ab.

Schwimmender Estrich Auf einer Folie kann Estrich ungehindert gleiten und reißt nicht durch Temperaturschwankungen. Die Folie schützt auch die Dämmschicht darunter und verhindert, dass Betonfeuchte hineinkriecht – die Dämmung packt man unter den Estrich, damit Raumwärme nicht durch die Geschossdecke nach unten entweicht und Trittschall sich über Installationsrohre und Wände im ganzen Haus verteilt. Der Estrich »schwimmt« also auf der Dämmschicht ohne starre Verbindung zu Wänden oder Leitungen; weich federnde Streifen aus Schaumstoff oder Mineralfaser rings an den Wänden und um die Rohre halten ihn auf Abstand.

Stolperschwellen ausgleichen

Parkett ist etwa 25 mm dick, Fliesenbelag 10 mm. Wo Bodenbeläge sich treffen, etwa an der Schwelle zum Flur, muss die Höhe des Bad-Estrichs eine Stolperstelle ausgleichen. Markieren Sie im Bad eine waagerechte Bezugslinie und prüfen Sie (etwa anhand des Bauplans), ob der Estrich die vorgesehene Höhe hat. Lassen Sie seine Restfeuchte messen, bevor Sie den Bodenbelag verlegen.

info

Kontrolle Der Estrich schwindet und reißt, wenn er zu rasch trocknet. Um die Gefahr gering zu halten, bildet man Estrichplatten maximal 4 x 4 Meter groß aus. Dehnungsfugen teilen weitere Flächen: Man stellt Dämmstreifen oder vorgefertigte Bewegungsfugen-Profile in den frischen Estrichmörtel oder schneidet die Fugen mit einer speziellen Maschine in den ausgehärteten Estrich. Dehnungsfugen im Rohbau müssen im Estrich (und später im Fußbodenbelag) übernommen werden – an derselben Stelle und in derselben Breite.

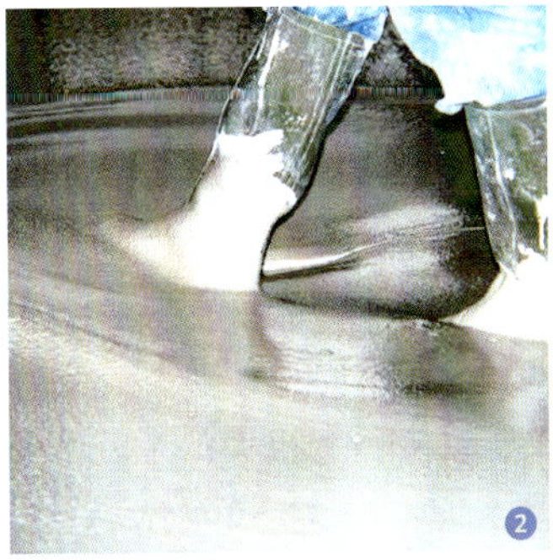

Warme Füße:
1 Fußbodenheizungen lassen sich verlegen in Fließ- oder Trocken-Estrich. Trocken montierte Systeme wärmen den Bodenbelag schneller.
2 Fließ-Estrich dämmt Schall in Nachbarräumen effektiver als Trocken-Estrich.

Bodenbeläge

Der Bodenbelag soll die Konstruktion der Geschossdecke vor Feuchte bewahren – alles andere ist eine Frage von Geschmack und Geld. Glatte Oberflächen sind pflegeleicht, Strukturen animieren zum Schauen und Fühlen.

Keramik Fliesen halten Säuren und Laugen aus, also Kosmetika, Shampoo und Badreiniger. Die keramischen Beläge behalten zudem ihre Farbe, wo Sonnenlicht andere Materialien bleicht. Und: Fliesen sind kratzfest, solange man Flecken darauf nicht etwa mit Schmirgelpapier zu entfernen versucht. Fachleute unterscheiden Steinzeug und Steingut. Fußböden belegt man in der Regel mit Steinzeug – das Material ist dichter und härter gebrannt als Steingut, deshalb frostsicher und besonders strapazierfähig. Feinsteinzeug sind extradicht gepresste Fliesen mit gesinterter Oberfläche – sie nimmt weniger als 0,5 Prozent Wasser auf. Die Glasur verhindert, dass Wasser in die Fliese dringt, zudem schmückt der Glasmantel und lässt die Fliese stark oder dezent glänzen. Abriebklassen geben Auskunft über die Verschleißfestigkeit der Glasuren: Fliesen der Gruppe I vertragen nur leichte Beanspruchungen – sie taugen als Wandkleid im ganzen Haus. Als Bodenbelag im Bad nur zu verwenden, wenn man es stets barfuß betritt oder mit Hausschuhen. Fliesen der Gruppe II halten auch Straßenschuhe aus, wenn man den Boden nur leicht beansprucht. Fliesen der Gruppe III können Sie unbesorgt sogar in Dielen und Fluren verlegen, Fliesen der Gruppe IV eignen sich für heftiges Schlurfen und Scharren in der Küche, im Arbeits- und Wirtschaftsraum.

Früher empfahlen Fliesenverkäufer: in Mini-Bädern kleinformatige Fliesen verlegen, in großen Räumen Maxi-Platten. Heute verlegt man auch in kleinen Bädern große Formate. Vorteil: Zwischen den Fliesen gibt es weniger Fugen, Wände und Boden lassen sich leichter putzen. Nachteil: In verwinkelten Altbau-Bädern produziert man viel Verschnitt. Kalkulieren Sie jedoch auch für Neubau-Bäder die Fliesenmenge nicht zu knapp – empfohlen

Bodenbeläge:
❶ *Fliesen mit LED-Leuchten*
❷ *Platten und Mosaik aus Marmor*
❸ *Geöltes Parkett*
❹ *Kork-Quadrate*

werden 10 bis 15 Prozent mehr, als der Verlegeplan angibt. Für Bodenfliesen gilt die Tür als Bezugsebene. Längliche Fliesen, querformatig verlegt, lassen schmale Bäder breiter aussehen. Diagonal angeordnete Keramik weitet optisch Bodenflächen. Farbe und Breite machen die Kunst der Fuge aus – je harmonischer sich die Farben von Fugen und Fliesen aneinander schmiegen, desto großflächiger scheint der Belag. Farbunterschiede machen große Flächen interessant, kleine Flächen sehen damit unruhig aus. Klassische Fugenfarben sind Grau und Weiß – für den Boden wählt man unbedingt Grau. Denn Schmutz setzt sich unweigerlich auf den Fugen fest trotz regelmäßiger Reinigung, er überzieht weiße Fugen mit einem Schmuddelschleier.

Naturstein Zur Wahl stehen harter Granit, kristalliner Marmor oder der porenreiche Vulkanstein Lava. Das Material wird in Steinbrüchen gewonnen, die raumhohen Blöcke zu Platten gesägt. Steinmetze verarbeiten sie zu passgenauen und maßhaltigen Belägen. Vorsicht mit Säuren und Fett: Naturstein braucht Fleckenschutz, die Versiegelung wird meist im Werk aufgetragen. Marmor gibt es von Reinweiß bis Tiefschwarz. Vor Urzeiten umschloss das Kalkgestein Reste von Tieren, Pflanzen und Algen. Ihre Anordnung bestimmt Struktur, Farbe und Zeichnung der verschiedenen Marmorarten. Aus Italien kommen

Wasserfeste Beschichtungen für Boden und Wand gibt es in freundlichen Farben und im Dessin von Granitstein. Die Masse wird direkt auf alte Fliesen gestrichen; ein Haftmittel verbindet die Beschichtung mit dem Untergrund.

weiße Sorten, griechischer Marmor ist schneeweiß ohne Ader, aus den Alpen kommt dunkelgrüner, aus Spanien roter Marmor, portugiesischer schimmert creme-und rosafarben. Etwa alle drei Monate poliert man das Material mit einem speziellen Pflegemittel, die Routinereinigung erfolgt mit Warmwasser ohne Zusatz. Naturstein sollte vom Profi verlegt werden, vor allem große Formate. Bestehen Sie auf speziellem Marmorkleber – mit Fliesenkleber drücken sich später Flecken durch.

Holz Holz fürs Bad sollte vor dem Einbau behandelt werden, an Bodenelementen und Profilhölzern auch die Nuten und Federn – mit Wachs, Öl oder offenporiger Lasur ohne pilz- und insektenwidrige Wirkstoffe –, einfacher und schneller geht es, wenn man endbehandelte Profilhölzer verwendet. Holzschutz mit chemischen Wirkstoffen gegen Pilze und Insekten ist im Bad nicht erforderlich. Ein Holzboden übersteht problemlos ein paar Wasserspritzer und feuchte Badezimmerluft – wenn man die richtige Holzart wählt und ein Experte den Belag fachgerecht verlegt und behandelt. Im Vergleich quellen und schwinden Buche und Ahorn stärker als Lärche oder Eiche. In spritzwasser-gefährdeten Bereichen um Dusche und Wanne sollte man auf Kiefernholz verzichten, es bildet unter Feuchtigkeit schneller Bläuepilze. Fachleute raten zu geöltem und/oder gewachstem Parkett. Lack

Raumteiler gliedern ungemütlich große Bäder, schirmen beispielsweise WC und Bidet ab. Wer die Trennwand-Breite nach dem Fliesenformat richtet, spart Verschnitt und kann sich an einem harmonischen Gesamtbild freuen.

weist Wasser wirkungsvoller ab, aber in Mini-Schäden der Beschichtung dringt Wasser – das Holz vergraut, der Lack platzt ab. Geöltes Holz hingegen nimmt Wasser zwar rasch auf, gibt es jedoch auch schnell wieder ab. Ein fachgerechter, hinterlüfteter Unterbau mit Dampfbremse verhindert, dass sich unter dem Holzbelag Kondensat staut. Dicht sitzende Fußleisten erschweren die Luftzirkulation; man montiert die Profile mit einer Fuge zum Belag oder fräst die Leisten auf der Rückseite aus. Neue Werkstoffe und Bearbeitungstechniken ermöglichen mit weniger Aufwand Holzeinbauten im Bad. Sogenannte Wood-Plastic-Composites (WPC) aus Holzspänen und Kunststoff widerstehen Feuchte aufgrund ihrer Materialzusammensetzung, unter dem Namen »Thermo-Holz« gibt es Bodenbeläge, die durch ein spezielles Wärmeverfahren wasserfest gemacht werden.

Trennwände

Wanne, Becken und WC müssen ans Wasser- und Abwassersystem angeschlossen werden. Im Neubau gilt: Je gebündelter die Anordnung, desto kürzer sind die Leitungen; lange Wasserwege kosten unnötig Geld und verschwenden Energie durch Wärmeverluste – trotz vorgeschriebener Rohrdämmung. Am einfachs-

Vorwand-Installation von Wasser- und Abwasserrohren spart Zeit und Dreck. Für die Montage der Sanitärobjekte gibt es fertige Elemente – hier von links nach rechts für die Dusche, mit Spülkasten fürs WC und mit Ablaufrohr für den Waschtisch. Wohnungstrennwände, an denen Leitungen verlaufen, müssen aus Schallschutzgründen ein Mindestgewicht aufweisen – Architekt oder Statiker helfen weiter.

ten baut man also das Bad dahin, wo nebenan oder darunter ebenfalls Bad, Küche oder Warmwasserspeicher sitzen.

Räume und Nischen bauen Fehlt Platz, vergrößern Sie Ihr Bad per Wanddurchbruch oder Anbau. Wer tragende Wände einreißen will, braucht einen Statiker. Wer neue errichtet, bespricht mit einem Architekten die Anforderungen der Energie-Einspar-Verordnung EnEV – sie gilt auch für Altbauten. Massive Badezimmerwände errichtet man nur direkt über darunter liegenden Hauswänden; in Neubauten und bisher unbewohnten Dachgeschossen teilt man ein neues Bad meist mit Leichtbauwänden ab – sie belasten die Geschossdecke am geringsten, ein Quadratmeter wiegt 95 Kilogramm: Metallprofile tragen Bauplatten aus feuchtebeständigen Gipsplatten. Die Schienen verankert man in Fußboden, Decke und angrenzenden Wänden. Eine Dämmschicht zwischen den Platten verbessert den Schallschutz; im Hohlraum der Wand ist Platz für Rohre und Leitungen. Normgerecht trägt die Konstruktion 70 Kilo pro Quadratmeter Wand. Für schwere Lasten wie Waschbecken, WC und Hängeschränke gibt es aussteifende Querriegel und breitenverstellbare Montageplatten. Wer massive Wände bevorzugt, hat die Wahl: Porenbeton wird hergestellt aus Sand, Branntkalk, Zement und Wasser. Ein Treibmittel schäumt das Gemisch auf und bildet ein feines

Rohre verlegen vor der Wand

Alte Rohre aus der Wand reißen – mühsam. Einfacher: Alles belassen, neue Leitungen vor der Wand verlegen und kaschieren wie eine Leichtbauwand. Dämmstoff in den Hohlräumen verhindert, dass die Vorsatzschale als Resonanzkörper Fließgeräusche verstärkt. Es gibt Schallschutz-Gebote, die Sie berücksichtigen müssen für Installationen an Trennwänden zum Nachbarn.

info

Wandbekleidungen:
❶ Fliesen mit Beleuchtung
❷ Terracotta-Platten und Putz
❸ Profilhölze,
❹ Glaspaneele
❺ Platten mit Metallic-Beschichtung und Lichtquadraten
❻ Lackierte Spanplatten

Porengerüst. Der hochfeste Stein ist 110 Kilo pro Quadratmeter schwer und dämmt gut, die Quader lassen sich leicht zurechtschneiden. Die Sanitärobjekte befestigt man mit speziellen Porenbeton-Dübeln. Ziegel bestehen aus gebranntem Ton, ein Quadratmeter wiegt je nach Steindicke etwa 300 Kilo. Das Material gleicht Schwankungen des Raumklimas aus. Leicht- oder Porenziegel entstehen, wenn der Hersteller vor dem Brennen Sägespäne oder Polystyrol-Kügelchen beimengt; sie vergasen beim Brand und hinterlassen wärmedämmende Hohlräume. Fertige Ziegel dampfen nicht mehr aus. Schnell zu vermauern, auch für Laien: Leicht- und Porenziegel mit Grifftaschen. Kalksandstein gibt es als Nut- und Federplatten für raschen Aufbau, ein Quadratmeter kommt abhängig vom Steinformat auf 250 Kilo Gewicht. Die Steine speichern Wärme gut, aber auch Wasserdampf – und geben ihn nur langsam ab.

Wandbekleidungen

Ähnlich wie Estrich die Rohdecke für den Fußbodenbelag ebnet, glättet Putz die rohen Wände und Deckenuntersichten für Fliesen, Anstrich oder Tapete. Keinen Putz benötigen Sie hinter Trockenbauplatten oder einem Wandkleid, das auf eine Unter-

konstruktion montiert wird. Je besser der Putz Feuchtigkeit aus der Raumluft aufnimmt, desto gesünder das Raumklima. Kunstharzputz sieht nur so aus wie Putz, das pastöse Material weist Wasser ab – gut auf Fassaden, schlecht auf Badezimmerwänden, besser geeignet sind Mineralputz-Mörtel oder Gipsmörtel.

Anstrich Es empfehlen sich spezielle »Feuchtraum-Farben«. Ein Blick auf den Eimer klärt, ob das Material »nassabriebbeständig« ist – dann lassen sich Fettspritzer, etwa von Bodylotion, leicht entfernen. Die Klassen 1 bis 5 geben Auskunft, wie gründlich man Flecken auf der Dispersionsfarbe zu Leibe rücken darf: Farben der Klassen 1 und 2 halten die Behandlung mit einem Putzschwamm aus, ohne dass Farbe abgerieben wird. Produkte der Klasse 3 sollten nur hin und wieder feucht abgewischt werden, die Klassen 4 und 5 sind fürs Bad weniger empfehlenswert.

• Duschdampf und Badedunst müssen ins Freie, sonst bildet sich Schimmel an den Wänden. Feuchtraumfarben enthalten schimmelresistente Zusätze, lassen sich jedoch nicht unbeschadet säubern. Acrylat-Latexfarben hingegen halten dem Putzschwamm stand und beugen Pilzen und Bakterien vor.

• Sollen die Badezimmerwände wasserdicht gestrichen werden, verwenden Sie je nach Untergrund Zweikomponenten-Silikatfarbe, Dispersions-Silikatfarbe oder Dispersionsfarbe.

Wand-Ideen:

1. *Rohe Mauer, Silikonharz imprägniert saugende Steine*
2. *strukturierter Spachtel*
3. *Dispersionsanstrich für Feuchträume*
4. *Korkbahnen*
5. *Glasbausteine – es gibt sie auch aus leichterem Kunststoff*
6. *Deckmasse über alten Fliesen*

• Dekorative Schwamm- oder Schablonentechnik und Wickeltechnik mit einem farbgetränkten Lappen zaubern mediterranes Feeling. Für Seccomalerei wird die Farbe auf trockenen Putzuntergrund aufgebracht, für Freskomalerei hingegen kommen die Farben auf frischen, feuchten Putz.

Spachtel Alte Fliesen lassen sich überstreichen – Deckspachtel auf einem Haftgrund glättet die Oberfläche wasserfest oder gibt ihr durch Modellieren Struktur. Eine weiße Grundierung darüber lässt Wasser und Seifenspritzer von ihrer harten Oberfläche abperlen. Wasserverdünnbare Lasur verleiht ihr Farbe; man sollte die Oberfläche mit Speziallack versiegeln.

Tapete Auch Papier-, Vlies- oder Stoffbahnen verschönern das Bad, zum Beispiel Wandflächen über halbhoch verlegten Fliesen. Ein Wellensymbol auf der Rolle kennzeichnet abwaschbare Tapeten – auf einer Unterlage aus Papier oder Gewebe klebt eine Kunststoffschicht. Tapete mit Wellen- plus Bürstensymbol ist zudem scheuerfest. Verwenden Sie Dispersionskleber statt stärkehaltigem Tapetenkleister – dieser birgt Schimmelgefahr.

Wandkleider Profilbretter aus massivem Holz, furnierte Paneele und Werkstoffe in Plattenform befestigt man auf einer hinterlüfteten Unterkonstruktion aus senkrechten und waagerechten Latten mit mindestens 2 Zentimeter Abstand zur Wand – sonst sammelt sich dahinter Kondenswasser, das die Konstruktion im Verborgenen durchfeuchtet und Schimmel blühen lässt. Holzbekleidungen schützt man vor Spritzwasser zusätzlich, indem man sie 5 cm über dem Boden enden lässt mit einer Schattenfuge.

Neue Materialien Fliesen im Bad – das ist das Naheliegende. Wer sie zu kalt oder gewöhnlich findet, schaut sich Alternativen an, etwa eine 3 Millimeter dünne Bekleidung aus biegesteifen Porzellankeramik-Platten macht Wände und auch Böden auf elegante Weise robust. Das neue Material wird ähnlich wie Glas bearbeitet. Acrylstein wird gefertigt aus zähflüssigem Acryl, dem gemahlene Mineralien und Pigmente zugesetzt werden. Unter Wärme und Druck entstehen massive, homogene Platten in 6, 9 und 12 mm Stärke. Sie lassen sich nahezu unbeschränkt formen zu ebenen Flächen und Rundungen, Erhöhungen und Vertiefungen sowie zu separaten Waschbecken, die man mit dem Spritzschutz für die Wand sowie der Ablagefläche nahtlos verschweißt. Die Oberfläche ist stets fugenlos und porenfrei. Beschichtete Platten aus Holzwerkstoff oder Kunststoff kaschieren Wände kratzfest und wasserdampfbeständig – es gibt sie auf Wunsch auch mit integrierten LED-Leuchten.

▶ **Mit frischem Lack zum neuen Look: Fliesen selber streichen – die Anleitung finden Sie im Internet: www.haus.de/do-it**

Individuelle Glaspaneele

Ein Glasmantel hält die Wände trocken und lässt sich rasch montieren. Es gibt 8 oder 10 mm starke Elemente zu kaufen aus Einscheiben-Sicherheitsglas bis 1,50 m Breite und 3 m Höhe. Sie werden nach Maß gefertigt mit Ausschnitten für Schalter, Steckdosen, Spiegel und Wasseranschlüsse. Hinterleuchtung, Farbe und abriebfeste Bildmotive gestalten die Badwände unverwechselbar.

info

Wir machen uns an Boden und Wände

Natürlich macht es viel mehr Spaß, in Geschäften Fliesen, Holz oder Farben auszusuchen, als sich Gedanken zu machen über Estrich und Wärmedämmung. Trotzdem: Wir schaffen zunächst eine solide technische Grundlage und überlegen erst im zweiten Schritt, welche Oberflächen unserem Bad am besten stehen.

Unsere Checkliste zum Abhaken:

1. *Unser Bad soll vergrößert werden – wir erkundigen uns beim Bauamt, ob wir eine Baugenehmigung brauchen.* ❍
2. *Wir planen ein großes Bad, wollen es jedoch mit Raumteilern oder Nischen gemütlich gestalten.* ❍
3. *Die Vorteile einer Vorwand-Installation haben uns überzeugt, wir sprechen mit unserem Heizungsinstallateur.* ❍
4. *Es gibt für alle Sanitärobjekte Installations- und Montagegerüste, die man frei in der Raummitte aufstellen kann oder schräg in einer Ecke – wir schauen sie uns in einer Badausstellung an und überlegen, ob sich unser Bad damit interessanter oder platzsparender einrichten lässt.* ❍
5. *Wir müssen auf Nachbarn Rücksicht nehmen und brauchen einen Estrich, der Schall gut dämmt.* ❍
6. *Bei uns muss es schnell gehen, wir verlegen trockenen Estrich, der sich für Feuchträume eignet.* ❍
7. *Bodenfliesen scheinen uns zu kühl – wir fragen nach einer Alternative, die sich mit der Fußbodenheizung verträgt.* ❍
8. *Die Wände sollen viel Badedampf aufnehmen, statt ihn heruntertropfen zu lassen. Deshalb verputzen wir die Wände und machen sie nur dort dicht, wo Wasser spritzt.* ❍

Prüfen Sie Ihre alten Fliesen: Sind sie nur hässlich, aber intakt, können Sie das Abschlagen sparen und den Boden mit extradünnen Renovierungsfliesen überkleben oder unter feuchtraumgeeignetem Laminat verbergen. Alternative: Beschichtung mit wasserfestem und rutschsicherem Steindekor. Der Fliesenbelag wird mit einer Fließschicht egalisiert, danach rollt man die mineralartige Masse auf. Versiegelung dichtet sie ab und macht sie kratz- und stoßfest sowie schmutzabweisend.

check

So wird unser Bad bequem und sicher

Kinder und Senioren schützen, Komfort einbauen für Menschen mit Handicap, Gefahren entschärfen

Das Badezimmer zählt mit der Küche zu den gefahrenträchtigsten Räumen im Haus. Etwa die Hälfte aller häuslichen Unfälle passieren zwischen Waschbecken und Klo pro Jahr trifft es über 250 000 Menschen, berichtet das Kuratorium »Das sichere Haus« (DSH). Ausrutschen in Dusche, Badewanne und auf Fliesen zählen zu den häufigsten Unfallarten, gefolgt von Leichtsinn wie dem Benutzen von Elektrogeräten in der Nähe der Badewanne. Etwa 40 Prozent der Unfallopfer sind drei- bis zehnjährige Kinder, die Mehrheit jedoch agile Leute zwischen 35 und 55 Jahren – Unfallverhütung geht also jeden an.

Für Kletterpartien über den Wannenrand braucht man Geschick und Gleichgewicht. Wer beides noch nicht hat oder nicht mehr, geht behütet baden in einer Wanne mit Klapptür. Silikon hält sie dicht, Bademantel oder Handtuch wärmen, bis das Wasser zum Hals reicht oder man nach dem Bad die Tür öffnen darf.

Komfort einbauen

Die Badtür öffnet sich in der Regel nach innen, das kann in einer Nasszelle mit Mini-Maßen zum Problem werden: Wer stürzt, blockiert die Tür – und Hilfe von außen. Man kann den Türanschlag ändern und das Türblatt in den Flur ragen lassen oder eine Schiebetür einbauen. An Türschwellen stößt man sich die Zehen, wenn man barfuß ins Badezimmer schleicht – entschärfen Sie die Kanten mit einem Viertelprofil oder verlegen Sie den Bodenbelag bündig zur Schwelle. Wo das nur mit großem Aufwand möglich ist, reduzieren dicke Matten vor und hinter der

Tür die Stolpergefahr. Sie sollten einen rutschhemmenden Gummirücken haben und nicht selbst zur Falle werden.

Licht Gute Beleuchtung ist im Bad besonders wichtig. Die Allgemeinbeleuchtung sollte den Raum in gleichmäßige Helligkeit tauchen, blend- und schattenfreie Funktionsleuchten am Spiegel verhindern Schnitte beim Rasieren. Tapst man nachts schlaftrunken ins Bad, mag man nicht durch gleißendes Licht hellwach werden. Montieren Sie ein sogenanntes Pantoffellicht. Es wird etwa 20 Zentimeter über dem Boden angeschraubt und beleuchtet sanft den Weg – batteriebetrieben und mit Sensor, der das Licht automatisch an- und abschaltet, sobald Sie den Raum betreten oder verlassen. Wenn Sie gerne mit Kerzenlicht baden, stellen Sie die flackernde Pracht auf eine feuerfeste Unterlage und weit weg von Vorhängen und Handtüchern. Das Feuerzeug räumen Sie nach dem Romantikbad wieder weg, bevor die Kinder damit spielen.

Boden Dampfschwaden machen die Luft nebelfeucht und den Fußboden glatt. Öffnen Sie nach dem Baden oder Duschen das Fenster weit, um Feuchtigkeit hinauszulassen. Schalten Sie in fensterlosen Bädern immer den Dampfabzug ein, auch wenn er lärmt. Ein Anti-Rutsch-Anstrich verhindert Schlitterpartien auf

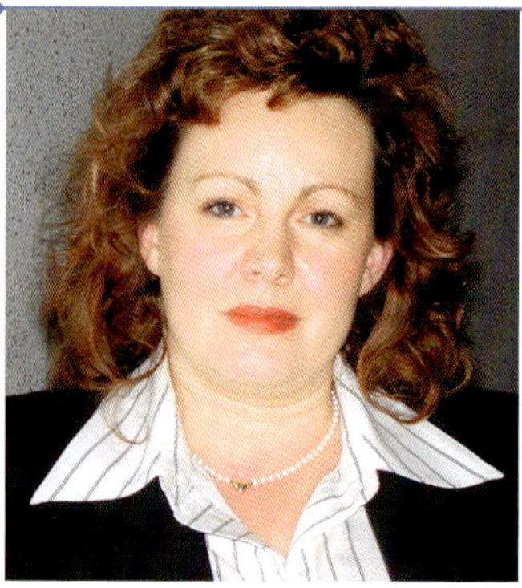

Ein Bad für alle Fälle

Martina Koepp, Deutsche Gesellschaft für Gerontotechnik, Iserlohn

»

Woran sollte man denken, wenn man ein Familienbad einrichtet?
An jetzt und später! Ein Familienbad sollte vorausschauend geplant werden – denn nicht immer bleibt alles, wie es heute ist. Es kann Nachwuchs dazukommen oder ein Senior, jemand kann krank werden. Nachrüsten oder Umgestalten sollten später möglich sein, auch ohne große bauliche Eingriffe.

Wird das Thema Sicherheit nicht erst im Alter aktuell?
Wer für das Alter plant, schließt die Jugend ein – von Sicherheit und Bequemlichkeit profitieren Kinder, werdende Mütter und Erwachsene in ihren besten Jahren genauso wie Senioren. Unordnung, rutschiger Boden oder schummrige Beleuchtung bergen Verletzungsgefahr für jede Altersgruppe.

Wie erleichtert man sich den späteren Umbau?
Häufig sind Bäder zu klein, verwinkelt oder schlecht zugänglich. Räume mit fünf Quadratmeter Fläche lassen sich schwerer behinderten- oder seniorengerecht umbauen als ein 10-qm-Bad. In Neubauten sollte man sich ein großes Bad gönnen, in Altbauten muss man es häufig in einen anderen Raum verlegen.

Was steht auf der Komfortliste an erster Stelle?
Eine bodengleiche Dusche gehört in jedes zukunftsträchtige Familienbad – wo Platz knapp ist, sollte man lieber auf die Badewanne verzichten.

«

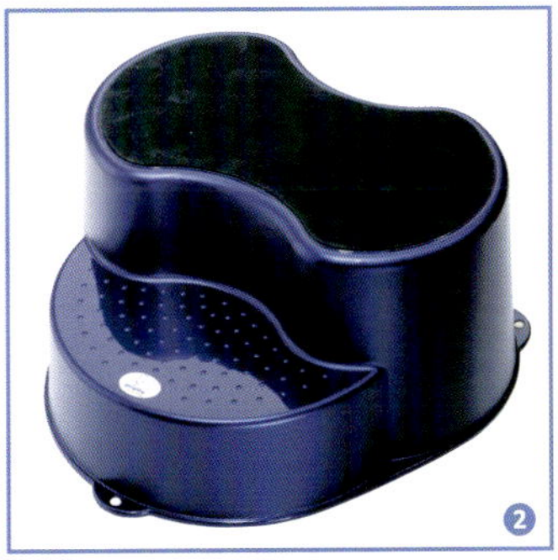

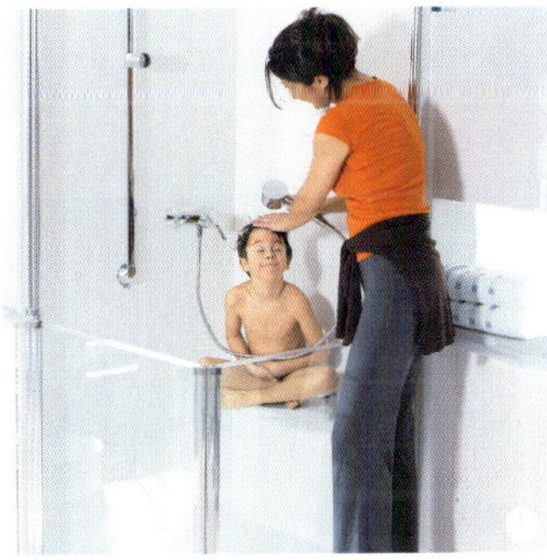

Duschpfützen, auch in Dusch- oder Badewanne. Das transparente Material lässt sich nachträglich anwenden auf Fliesen, Marmor und Stein sowie Beton, Holz und Acryl. Der Boden im Bad sollte warm sein: Wer auf Zehenspitzen geht, weil die Füße frieren, bewegt sich unsicher. Infos zur Fußbodenheizung lesen Sie auf Seite 33.

Wände Haltegriffe im ganzen Badezimmer verhindern manchen Sturz, vor allem in der Dusche, entlang der Badewanne und neben der Toilette. Die Griffe sollten stabil mit Dübeln und Schrauben an der Wand befestigt sein, damit sie gehörig Zuglast aushalten. Stangen mit einem Querschnitt zwischen 3 und 4,5 Zentimeter sind am besten zu umfassen.

Wanne und Dusche Ein Duschen- oder Wannenboden mit rauer Struktur gibt den Fußsohlen Halt – solche Becken kosten nicht mehr als herkömmliche. Bodengleiche Duschen sind technisch aufwändiger und kostspieliger. Sie lassen sich bequem betreten selbst mit Krücken und mit dem Rollstuhl befahren. Ein Klappsitz in der Kabine ermöglicht Alt und Jung, werdenden Müttern und Kranken stressfreie Brausebäder.

Armaturen Ein absolutes Muss nach Empfehlung des Kuratoriums DSH ist in Haushalten mit Kindern oder sehbehinderten Menschen eine thermostatgesteuerte Armatur mit Verbrüh-

Komfort für Alt und Jung:
1. *Stufenwanne – Knirpse bleiben über Wasser*
2. *Waschtisch-Schemel*
3. *Thermostat-Armatur*
4. *Rutschfeste Duschwanne*
5. *Teilbare Abtrennung*
6. *Berührungsloser Wasserhahn*

Barrierefreie Dusche: Eine bündige Fliesenfläche mit Ablauf ersetzt die Wanne mit Stolperkante. Wenn schon, denn schon: Bauen Sie die Tür mindestens 1,50 m breit, dann kann später ein Rollstuhl hineinfahren. Bei Bedarf montiert man nachträglich Haltegriffe und einen Klapphocker.

schutz – Infos finden Sie auf Seite 53. Wenn Sie Warmwasser in einem Boiler oder Durchlauferhitzer bereiten: Stellen Sie das Gerät nie auf »heiß« – programmieren Sie eine Höchsttemperatur ein, sonst schießt kochendes Wasser aus dem Hahn. Ganz junge, alte oder verletzte Hände können nicht fest greifen – es lohnt sich eine elektronische Armatur. Ein Sensor reagiert auf Bewegung und startet den Wasserschwall. Den Strom dafür liefert eine 9-Volt-Batterie, sie hält mindestens drei Jahre und lässt sich auch von wenig geschickten Heimwerkern wechseln.

Unfälle verhüten

Stauraum ist im Bad oft Mangelware, jeder freie Platz wird für Schränke oder Regale genutzt. Montieren Sie Möbel mit Abstand zur Tür – sonst gibt es blaue Flecken, wenn man rasch um die Ecke biegt. Darüber hinaus schonen runde Möbelkanten Haut und Knochen.

Elektrogeräte Sicherungen schützen Elektrogeräte und Leitungen. Aber sie verhindern nicht, dass Menschen durch Stromschlag zu Schaden kommen oder sterben – Föhn, Rasierapparat oder Lockenstab dürfen nicht in oder nahe bei Wanne oder Dusche benutzt werden. Zu groß ist die Gefahr, dass das Gerät ins Wasser flutscht. In neuen Bädern muss zwar ein Fehlerstromschalter installiert sein – er unterbricht den Stromkreis, wenn ein elektrischer Strom über den Körper des Menschen auf die Erde abfließt. Einen absoluten Schutz gewährleistet jedoch auch der Schalter nicht, und in unsanierten Altbaubädern gibt es meist keinen – deshalb selber Vorsicht walten lassen! Auch Lichtschalter dürfen von Wanne und Dusche aus nicht erreichbar sein. Wer ganz sichergehen will, lagert Elektrogeräte außerhalb des Badezimmers. Feuchte Luft oder Spritzwasser können eingebaute Isolierungen überbrücken. Wer Musik oder die Nachrichten braucht zum Wachwerden, hängt ein spezielles Duschradio ins Bad – es ist unempfindlich gegen Feuchte. Alle Geräte im Haushalt wie im Bad sollten das Siegel eines unabhängigen Prüfinstituts tragen, etwa das GS-Zeichen eines Technischen Überwachungsvereins für »geprüfte Sicherheit« oder das CE-Zeichen: Dies Kürzel steht für »Conformität mit Europäischen Regeln« und kennzeichnet die Einhaltung grundlegender Sicherheits- und Gesundheitsanforderungen.

Toilette Im Bad lässt man Nesthäkchen grundsätzlich nicht ohne Aufsicht. Schon das WC birgt Gefahr für Kleinkinder. Lassen Sie den Toilettendeckel immer heruntergeklappt, dann plumpsen Klettermaxen nicht versehentlich in die Schüssel. Auf einem speziellen Toilettenaufsatz thront der Nachwuchs sicher wie die Großen, der mobile Kunststoffsitz lässt sich leicht abnehmen und reinigen. Dem Nachwuchs bereitet es möglicherweise Spaß, Deckel und Sitz herunterknallen zu lassen – bis Tränen fließen wegen gequetschter Fingerchen. Toilettensitz und Deckel mit Absenk-Automatik schließen langsam, auch wenn sie mal aus der Hand rutschen. Ein Schemel bringt die Kleinen dem Waschbecken näher, dann klappen Händewaschen und Zähneputzen ohne Elternhilfe. Kaufen Sie ein spezielles Kunststoffpodest, es ist breiter und kippsicherer als Omas alter Fußhocker. Verstauen Sie scharfe Gegenstände wie Scheren, Wimpernzangen und Nassrasierer sowie Putzmittel in einem Oberschrank weit weg von Kinderhänden oder in einem Möbel zum Abschließen. Den Schlüssel ziehen Sie ab und verwahren ihn so, dass kleine Abenteurer ihn nicht finden. Bunte Seifen, Badekugeln und Flüssigkeiten verlocken zum Naschen – auch Körperpflegemittel sollten Sie unzugänglich lagern, bis die Kinder älter sind.

Wanne und Dusche In jede Bade- oder Duschwanne gehört eine Matte, damit man sich auch auf nasser Oberfläche sicher bewegen kann. Aufkleber mit Temperaturanzeige warnen zusätzlich vor zu heißem Wasser, sie wechseln dann die Farbe. Für ein Vollbad sollten Sie aus einem Zweihebelmischer zuerst kühles Wasser einlaufen lassen, dann heißes Wasser dazufüllen.

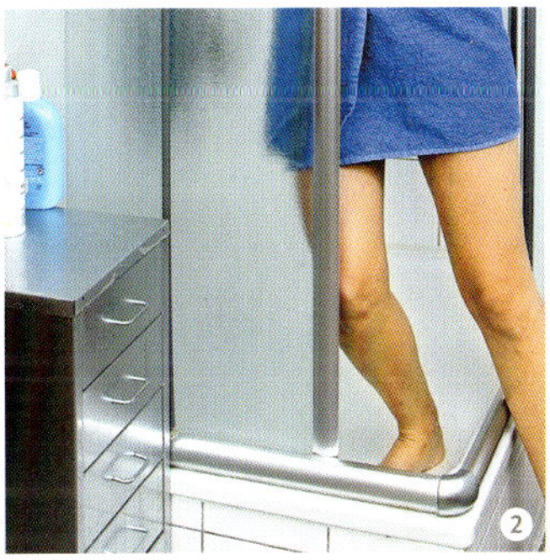

Anti-Rutsch-Anstrich…
1 *mit Farbwalze auf Fliesen auftragen…*
2 *…und/oder den Duschenboden.*

Leichter leben mit Handicap	
Tür	▶ mindestens 90 Zentimeter breit, ▶ nach außen zu öffnen.
Raumgröße	▶ für Rollstuhlfahrer wenigstens 1,50 m Wendekreis in der Raummitte.
Montagehöhen	▶ Türgriff, Lichtschalter, Steckdosen und Heizungsventil in 85 cm Höhe, ▶ WC in 50 cm Höhe, ▶ Papierrolle leicht erreichbar, ▶ Badschränke im Sitzen zu öffnen.
Hilfen	▶ Wannenlifter, ▶ unterfahrbarer Waschtisch mit flachem Siphon, ▶ ausziehbare Brause am Waschtisch.

Pflege Wasserlachen und Spritzer von Körperöl, Shampoo oder Duschgel verwandeln den Fußboden in eine Schlitterbahn – möglichst sofort wegwischen. Den Putzeimer nach Gebrauch gleich wegräumen – manch einer ist darüber schon gestürzt.

Seniorenbad

Über 95 Prozent aller Senioren möchten zu Hause in ihrer gewohnten Umgebung älter werden, ebenso wie durch Unfall oder Krankheit behinderte Menschen. Ein angepasstes Bad trägt dazu bei, Selbständigkeit zu erhalten – der Kasten oben erklärt, was das Leben mit Handicap erleichtert. Ältere Menschen können feine Farbabstufungen kaum mehr unterscheiden, besonders schwer helle Blau- und Grüntöne. Gestalten Sie ein Seniorenbad in Kontrasten unterschiedlich heller Töne von Weiß über Grau bis Anthrazit oder verschiedenen Sättigungen eines Farbtons oder als Farbtonkontrast unterschiedlicher Farben. Hilfreich für die Orientierung haben sich auch Kontraste zwischen leuchtend und matt erwiesen.

▶ Freiheit, die man planen kann: bauen und wohnen ohne Barrieren: online unter www.haus.de/planen

Wie viel Zukunft braucht unser Badezimmer?

In unserer Familie teilen sich Jung und Alt das Bad. Wir können nicht jede Sonderausstattung einbauen wie etwa ein Kinderwaschbecken, das wir in ein paar Jahren nicht mehr brauchen. Wir suchen nach Annehmlichkeiten, von denen alle Generationen etwas haben.

Unsere Checkliste zum Abhaken:

1. *Wir wünschen uns einen rutschfesten Bodenbelag.* ❍
2. *Wir kaufen einen abschließbaren Schrank für Reinigungsmittel und Medikamente.* ❍
3. *Wir renovieren ohnehin umfassend und werden im Zuge dessen den Bodenbelag in Bad und Flur erhöhen, um die Türschwelle zu entschärfen.* ❍
4. *Wir montieren Haltestangen an Wanne und Dusche und einen Klappsitz in der Brausekabine.* ❍
5. *Wir möchten uns Thermostat-Armaturen leisten. Sie sind zwar sündteuer, sparen aber im Gegenzug Wasser und die Energie, es zu wärmen.* ❍
6. *Wir achten beim Leuchtenkauf auf geschlossene Modelle speziell für Feuchträume.* ❍
7. *Wir installieren je ein Pantoffellicht mit Sensor im Bad und im Flur davor.* ❍
8. *Wir liebäugeln mit einem Spiegel überm Waschtisch, der sich per Kordelwinde schräg stellen lässt – so kann man sich auch sitzend frisieren oder rasieren.* ❍
9. *Wir erklären unseren Kindern die Gefahren, die von Strom ausgehen, insbesondere im Zusammenhang mit Wasser.* ❍

In Altbauten steckt der Schlüssel innen, manche Kleinkinder sperren sich ein und schaffen es nicht, das Schloss wieder zu öffnen. Eltern ziehen den Schlüssel vorsichtshalber ab und hängen ihn hoch an einen Haken. Oder tauschen das Schloss aus gegen einen Beschlag, wie er in Neubauten üblich ist: Von innen lässt sich die Tür mit einem Knebel verriegeln, von außen notfalls öffnen mit einem Schraubendreher, den man in einen Schlitz steckt – das beruhigt auch Senioren.

check

So schaffen wir eine Wellness-Oase

Whirlpool und Dampfbad, Massagedusche und Sauna, Infrarot-Kabine und Zubehör

Verwöhnen Sie sich fit und zufrieden: Wellness macht den Körper stark und spült die Seele weich durch Bewegung und Stressabbau in Wasserwirbeln, Dampfschwaden und Wärmestrahlen, unter Massageschwällen und Lichtwellen. Gesundheitstechnik gibt es auch für daheim.

Ausklinken, Kraft tanken, zu sich finden – in einer Wanne aus besonders hautsympathischem Material wie Quarzacryl oder einem Becken mit eingebautem Komfort.

Whirlpool

Im ruhenden Wasser einer Normalwanne kühlt die millimeterdünne Wasserschicht um uns schnell ab auf unsere Körpertemperatur. Der Effekt eines nassen Anzugs verhindert, dass sich die Wasserwärme auf den Körper überträgt. Man muss sich bewegen, um den Film zu durchbrechen – dann bleibt man im Zuber länger warm, und ein kühles Bad wird noch erfrischender. Der Erfinder Roy Jacuzzi entwickelte für seinen kranken Bruder eine Wanne, in der sich das Wasser ohne Körperkraft bewegt. Wer sein Bad erstmals einrichtet oder ohnehin die Wanne austauscht, baut gleich eine mit Massagedüsen ein – eine Whirlwanne für Einen oder Zwei oder einen Whirlpool groß genug, um sogar gute Freunde einzuladen. Die Düsen pusten Luft ins Wasser und bearbeiten verspannte Muskeln. Auch verstärken sie den Wasserauftrieb, der Körper fühlt sich schwerelos; Gelenke und Muskeln entspannen. Fehlt nach einem langen Tag der Schwung, bringt ein 10 Minuten kurzes, 35 Grad kühles Sprudelbad den Kreislauf wieder auf Touren.

Düsen Rotierende Düsen regen den Kreislauf stärker an als solche, die das Wasser nur geradeaus schicken. Die Sprudeldüsen für den Rücken sollten auf keinen Fall in der Mitte der Wannenwand sitzen und auf die Wirbelsäule zielen. Gesünder ist eine Massage der linken und rechten Rückenhälfte. Auch die Füße sollten mit je einer Düse verwöhnt werden. Grundsätzlich gilt: Je mehr Düsen, desto besser. Wer gezielt gegen Wehwehchen ansprudeln will, etwa im Beckenbereich, an Armen oder Beinen, inspiziert vor dem Kauf: Taugen dazu Lage und Anzahl der Düsen? Es gibt eine Vielzahl von Anordnungen, auf Bestellung lassen sich auch ganz individuelle Wünsche berücksichtigen.

Wasserwechsel In Wannen mit Bade- und Whirl-Doppelfunktion wird das Wasser mit jedem Bad erneuert, in größeren Pools tauscht man es aus Kosten- und Umweltgründen nur alle paar Wochen aus. Eine Umwälzpumpe mit Filter und die Zugabe von Sauerstoff oder Chlor halten das Wasser hygienisch.

Wirbel-System Die Wasserwirbel werden auf unterschiedliche Weise erzeugt. Das Luft-System drückt per Gebläse Warmluft ins Wasser und erzeugt feine Perlen und Blasen, die den Körper sanft umschmeicheln. Das Jet-System saugt mit einer Elektropumpe Wasser an und presst es als kräftigen Massagestrahl durch die Düsen. Das Luft-Jet-System kombiniert die beiden Methoden. Über ein Terminal am Wannenrand lassen sich alle Funktionen regeln.

Sicherheit Die Düsen sollen technisch ausgereift, ergonomisch günstig angeordnet und korrosionsfest sein. In einem Whirlpool steckt eine Menge Elektronik. Kaufen Sie nur ein Produkt mit Prüfstempel oder Zertifikat – empfehlenswert sind das RAL-Gütezeichen oder das TÜV-Siegel.

Wanne Anzahl und Anordnung der Düsen entscheiden über Entspannung und Wohlbefinden ebenso wie die Wanne selbst. Gegossenes Sanitäracryl fühlt sich warm an und ist so feinporig, dass sich selbst feinste Schmutzpartikel leicht wegwischen lassen. Eine gute Whirlwanne ist nach ergonomischen und physiologischen Gesichtspunkten geformt, man kann darin bequem liegen oder sitzen und hat die Schultern immer unter Wasser – eine kalte Nackenpartie widerspricht wohltuender Massage. Die Hersteller hochwertiger Whirlwannen bieten zusätzliche Raffinessen an: In manchen Whirlwannen lassen sich die Strahlen getrennt schalten, eine Wasserheizung hält den Wanneninhalt auf Wunschtemperatur. Unterwasserscheinwerfer mit wechselnden Farben beeinflussen die Stimmung, ein »Sound-

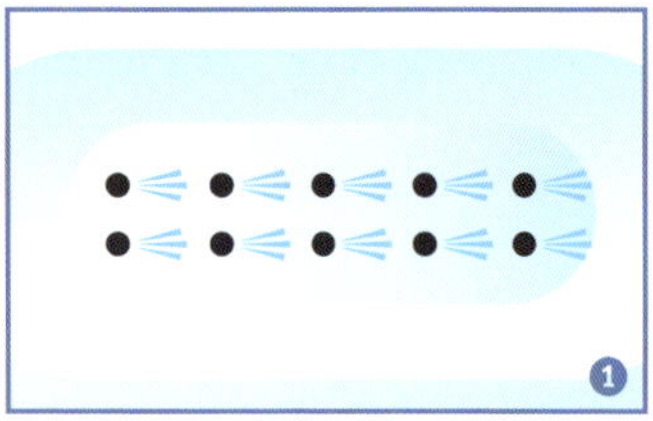

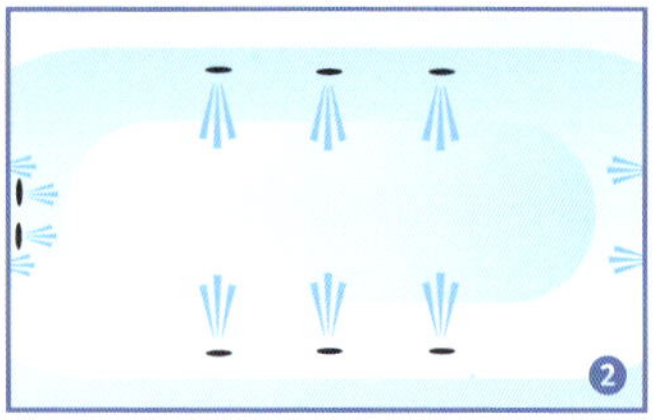

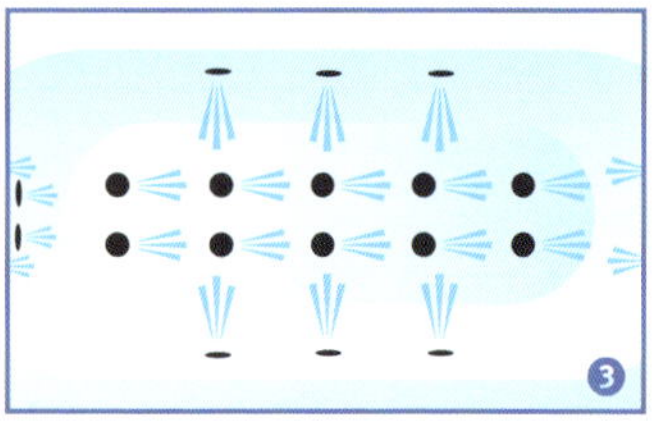

Sprudel-Technik:
1. *Luft-System düst Luft ins Badewasser.*
2. *Jet-System drückt Wasser durch die Düsen.*
3. *Kombi-System belebt und massiert zugleich.*

Schlitze machen das Kopfpolster zum Wasserfall. Das Kissen wird über eine Stabbrause auf dem Wannenrand gestülpt. Ein Thermostat steuert die Wassertemperatur, ein Hebel die Menge.

pool« überträgt Schallwellen anregender oder beruhigender Musik durch das Wasser auf die Nervenbahnen. Wer mehr Wert legt auf Sicherheit und Komfort, wählt ein Modell mit Haltegriff zum Ein- und Aussteigen und einer bequemen Kopfstütze.

Dampfbad

Was gefällt Ihnen besser? Die trockene Sahara-Hitze im tunesischen Liegestuhl oder die schwüle Feuchte des ecuadorianischen Regenwaldes? Technisch gefragt: Sauna oder Dampfbad? Entscheidungshilfe Luftfeuchtigkeit von höchstens 10 Prozent, zugleich Temperaturen bis 90 Grad – Saunasitzungen sind nicht jedermanns Sache. Das Dampfbad mit hundertprozentiger Luftfeuchte und 45 bis 50, maximal 55 Grad heizt dem Kreislauf schonender ein. Der warme Nebel legt sich auf den Körper, entspannt die Muskeln und den Kopf. Die Durchblutung wird gefördert, Haut und Atemwege gereinigt.
Kabinen-Arten Die Dampfkabine unterscheidet sich wesentlich vom Saunaraum: Die Wände bestehen nicht aus Holz, es würde zu viel Feuchtigkeit aufsaugen. Ein Dampfbad lässt sich massiv mauern, seine Wandflächen, der Boden und die Sitzbänke sind innen gefliest oder mit Natursteinen verblendet. In den

Bauschäden durch Dampf vermeiden

Dampfbaden strafft die Haut – und macht Hauswände mürbe, wenn Nebelmassen sie durchfeuchten. Bauen oder kaufen Sie eine dampfdichte Kabine aus verrottungsfreiem Material und klären Sie, wohin die feuchte Abluft entweichen soll. Sie muss ins Freie, Bad-Nebenräume oder Flur eignen sich nicht – der 50 Grad heiße Dampf tropft ab an den kühleren Wänden.

info

Ein Generator schickt temperierten Dampf durch eine Düse in die Kunststoffkabine. Überschüssiges Wasser rinnt in einen Bodenablauf, verbrauchte Luft entweicht durch ein Ventil in der Decke – was bleibt, ist wohlig warmer Dunst.

Wänden, unter den Sitzen und im Boden verlaufen Heizschlangen – sie benötigen einen Heizkreis sowie einen Wasserzulauf, und das Kondenswasser muss in einen Bodenablauf fließen. Ein Dampfgenerator in der Kabine erhitzt Wasser und erzeugt den feuchten Nebel. Kondensiertes Wasser sollte nicht auf die Badenden tropfen – eine Kuppeldecke lässt es an den Wänden herabrinnen. Die Be- und Entlüftung erfolgt über das Fenster oder einen Ventilator, er sollte in Bodennähe sitzen. Fertige Kabinen aus Acryl und/oder Glas nehmen weniger Platz weg, sind leicht zu montieren und reinigen. Findet sich im Bad keine Ecke, in der die Dampfkabine platziert werden kann, tauscht man die herkömmliche Dusche aus gegen ein Modell mit integrierter Dampffunktion. Wofür Sie sich auch entscheiden: Sie brauchen Anschlüsse für Kalt- und Warmwasser sowie Starkstrom.

Alternative Im Sanarium liegt die Temperatur zwischen 46 und 60 Grad, die Luftfeuchtigkeit beträgt 40 bis 55 Prozent: Solches Klima ist verträglicher, wenn man sich schlapp fühlt oder zu Bluthochdruck neigt. Studien der Berliner Klinik Charité ergaben: Sanarium-Therapie stärkt das Immunsystem und senkt den Blutdruck.

Baderegeln Das Dampfbad ist keine neue Erfindung für Tropentypen und Saunaflüchter. Griechen, Römer und Türken saßen

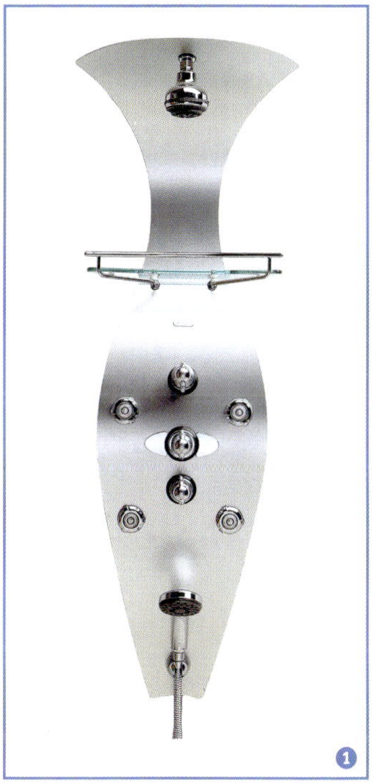

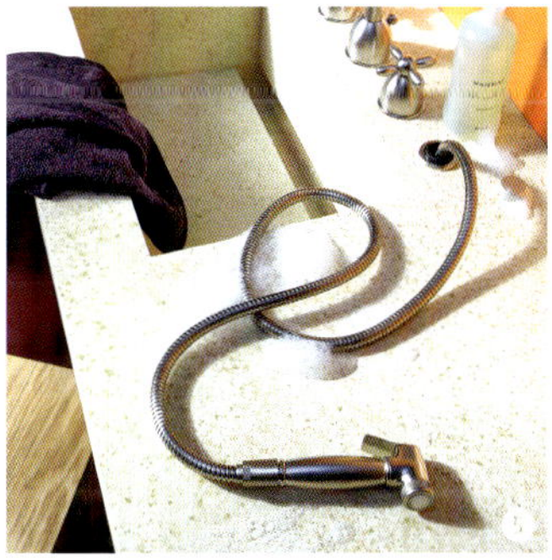

schon im zwölften Jahrhundert im Nebel – Samstag war Badetag. Heute rät man zu zwei- bis dreimaligem Dampfbadbesuch die Woche. Man schwitzt 10 bis 15 Minuten, kühlt sich ab mit einer Kneippdusche von den Füßen zum Herzen – frisch, jedoch nicht eiskalt. Wer nach 20 bis 30 Minuten Ruhepause noch nicht genug hat, wiederholt das Vergnügen ein- oder zweimal.

Duschpaneele

Duschpaneele sind kleine Säulen aus Edelstahl, Alu, Glas oder Kunststoff mit einer Haltestange für die Handbrause, Duschdüsen in verschiedenen Positionen und zusätzlichen Einbauten: Je nach Modell reguliert man Wasserwärme und Intensität der Strahlen von weich bis hart, schaltet einzelne Düsen an oder ab, knipst ein Radio oder die eingebaute Beleuchtung ein und steuert die Dampfdusche. Integrierte Ablagen für Shampooflasche oder Brille runden den Komfort ab.

Massagestrahlen Luxus-Versionen verfügen über Thermostat-Armatur und Anti-Kalk-System, Elektronik bewegt die Duschköpfe auf und ab, manche Duschpaneele eignen sich auch für Durchlauferhitzer. Ein Paneel mitten auf der Wand sieht repräsentativ aus, spezielle Eckmodelle nutzen den Platz in engen

Genuss für Leib & Seele:

1. *Duschpaneel mit Kopf-, Hand- und Seitenbrausen.*
2. *Multifunktionsdusche zum Brausen oder Dampfbaden.*
3. *Nebelkabine mit Musik und Farbspiel – auch zum simplen Duschen geeignet.*
4. *Individuelle Zusammenstellung von Düsen und Brausen.*
5. *Handbrause am Waschbecken für Kopf- und Armgüsse.*

Garantiertes Wellness-Vergnügen – darauf sollten Sie achten:

Whirlpool	Dampfdusche	Duschpaneel
Komplette Vormontage im Werk	Integrierter Ionentauscher zum Schutz vor Verkalkung des Dampfgenerators	Kopf- und Seitenbrausen beliebig verstellbar in Neigung und Strahlwinkel
Abnehmbare Wannenschürze für Wartung und Reparatur	Zusatz-Restwasserentleerung am Dampfgenerator	Unterschiedliche Strahlarten von Kopf- und Handbrausen
Desinfektionssystem	Getrennte Steuerung von Rücken- und Nackenmassagedüsen	Geringer Platzbedarf für große Bewegungsfreiheit auch auf engem Raum
Vollständige Restwasser-entleerung	Einsatz der Dampffunktion ohne lange Vorwärmzeiten	Passende Anschlussmaße für nachträglichen Einbau
Flache Bodendüsen	Komplette Einheit aller Einzelbauteile (Armaturen, Duschwanne und -wand, Elektrik)	Einfache Demontage für Reparatur oder Wohnungswechsel
Geprüfte Sicherheit von Werkstoffen, Funktion und Elektrik gemäß RAL-Güteanforderungen	TÜV-Prüfung	Flexible Befestigungspunkte zur Montage in Fliesenfugen
Wanne aus gegossenem Sanitär-Acryl	Duschwanne aus gegossenem Sanitär-Acryl	Ablagemöglichkeit für Duschutensilien
10 Jahre Nachkaufgarantie für Ersatzteile	10 Jahre Nachkaufgarantie für Ersatzteile	10 Jahre Nachkaufgarantie für Ersatzteile
5 Jahre Gewährleistung für den Einbau vom Profi	5 Jahre Gewährleistung für den Einbau vom Profi	5 Jahre Gewährleistung für den Einbau vom Profi

Kombikabine für Hitze und Nebel

Ein Dampfbad belebt Körper und Sinne mit 100 % Luftfeuchtigkeit – durch die Wände einer herkömmlichen Holzsauna würde sie nach außen dringen und den Baukörper beschädigen. Spezialwände aus Holz mit dampfdichter Alu-Einlage bieten doppeltes Vergnügen an einem Platz: Ein Ofen innen schafft Saunaklima, wahlweise leitet ein Generator von außen Dampf in die Holzstube.

tipp

Duschkabinen besser. Prickelwasser massiert – wenn Ihnen der Platz für ein Heimdampfbad oder eine Saunakabine fehlt oder Sie für die Anschaffung noch sparen müssen: Schon ein Duschkopf mit Massagefunktion bringt ein bisschen Wellness-Feeling. Ein Duschpaneel umso mehr: Wasser rinnt und rauscht, düst und prasselt von oben herab und aus verschiedenen Höhen seitlich auf die Haut; Schwall-, Kopf-, Hand- und Seitenbrausen kneten den Körper tüchtig durch oder streicheln ihn sanft. Die Paneele der meisten Hersteller lassen sich auf den vorhandenen Wasseranschlüssen nachrüsten.

Kühle Brause Kalte, harte Strahlen aktivieren Atmung, Herzschlag und Stoffwechsel – nur 30 Sekunden lang anwenden, jede weitere belastet den Kreislauf stark. Warme, weiche Schwälle lindern Verspannungen und Schmerzen, sanfte oder kräftige Wasserstrahlen spülen Muskeln weich.

Heiße Massage Plagt der Rücken oder die Schultern: 10 Minuten lang duschen mit 38 Grad warmem Wasser. Machen Sie dabei einen Katzenbuckel, beugen die Knie ein wenig und atmen ruhig. Schwirrt der Kopf, beprasseln Sie möglichst heiß den Nacken oder leiten einen kräftigen Strahl zwischen Daumen und Zeigefinger. Gegen Schlafstörungen lassen Sie warmes Wasser in die Kuhle hinterm Ohrläppchen rieseln.

Sauna

In der Sauna verraucht der Zorn, sagen die Finnen – sie sind die Erfinder des heißen Vergnügens. Wer regelmäßig schwitzt, kräftigt seinen Kreislauf und vertreibt Schnupfen, bekommt einen tollen Teint und tankt Kraft. Wo immer Sie vier Quadratmeter zur Verfügung haben, ist Raum für eine Kabine: im Keller, auf dem Dachboden – oder in einem großen Badezimmer.

Platzbedarf Pro Person rechnet man mit zwei Kubikmetern Saunakabine, das entspricht einer Grundfläche von rund einem Quadratmeter. Außer der Kabine brauchen Sie – möglichst in der Nähe – einen Raum zum Umkleiden und eine Dusche zum Reinigen vor dem Saunagang und zum kalten Abschrecken der Haut danach. Um die Lunge abzukühlen, wäre ein Ausgang ins Freie ideal, ein offenes Fenster tut es aber auch.

Kabinen Ob Sie eine Saunakabine vom Hersteller liefern und montieren lassen oder sie selbst aufbauen, hängt von Ihrem handwerklichen Geschick ab und von Ihrem Budget: 400 bis 650 Euro verlangen Profis für Fracht und Montage. Den Elektroanschluss für Ofen und Beleuchtung muss ein autorisierter Elektromeister übernehmen, seine Rechnung kommt in jedem Fall hinzu. Massive Kabinen bestehen ganz aus Holz und benötigen

Rot regt an, Blau beruhigt, Gelb macht heiter, und Grün entspannt – Farblicht gibt es als Set für die Badezimmerdecke oder Zusatzausstattung in der Sauna. Spezialkabinen brauchen keinen Starkstromanschluss für den Ofen, ihnen genügt eine Steckdose – besonders praktisch für Mieter und Altbau-Besitzer.

Gesunde Wärme:
1 Saunakabinen gibt es in Standardgrößen, für schwierige Grundrisse als Maßarbeit.
2 Infrarot-Kabinen benötigen einen herkömmlichen Stromanschluss von 230 Volt und einen Quadratmeter Stellfläche pro Person.

keine zusätzliche Be- und Entlüftung: Die verbrauchte Luft wird sieben- bis achtmal pro Stunde durch das Holz gefiltert, es nimmt die überschüssige Feuchtigkeit auf. Kabinenwände in Sandwich-Bauweise bestehen aus Holzrahmen, deren Hohlräume mit Dämmstoff gefüllt sind. Aluminiumfolie gegen die Innenseite der Kabine hält das Dämm-Material trocken und reflektiert die Saunahitze. Je eine Lage Profilbretter innen und außen schließen die Wand.

Ofen Ein elektrischer Ofen verursacht keinen Schmutz, und man braucht keinen Brennstoff zu lagern. Er sollte über eine Sicherheitskontaktschaltung verfügen – sie setzt den Ofen sofort außer Betrieb, falls zum Beispiel ein Handtuch auf das Gerät fällt. Ein Holzofen ist stilechter, er braucht aber einen Kaminanschluss, der örtlich unterschiedliche Brandschutzauflagen erfüllen muss. Öl-, Gas- und Holzöfen werden in der Regel ummauert, zusätzlich bringt man Hitzeschilde an, die Verbrennungen ausschließen. Wer jedes Risiko vermeiden will, wählt eine Kabine mit zweischaliger Wand – der Ofen sitzt im Hohlraum, durch einen Schlitz in der Decke steigt heiße Luft in die Kabine.

Infrarot-Kabine

Wärmekabinen mit Infrarotlicht sehen Saunas ähnlich und lassen sich ebenso unkompliziert und platzsparend installieren, es gibt auch Selbstbausätze. Im Gegensatz zum Saunaofen erwärmt Infrarotstrahlung nicht die Luft, sondern feste Körper. Trifft das Licht auf Haut, wird sie lokal erwärmt und die Wärme von Blutkreislauf und Lymphsystem im Körper verteilt. Die Lufttemperatur bleibt zwischen 40 und 60 Grad kühl, das erleichtert vielen Menschen das Atmen und belastet den Kreislauf weniger. Das Schwitzen in der milden Wärme einer Flächenheizung oder eines Strahlers wird empfohlen zur Behandlung von Muskelverspannungen, Gelenk- und Rheumaerkrankungen und Vorbeugung von Herz- und Kreislauferkrankungen.

Kombi-Modelle Teilt sich die Familie in Sauna-Fans und Lichthungrige, schafft man eine Kombi-Kabine an. Sie verfügt über übliche Saunaeinbauten, in den Wänden sitzen unsichtbar zusätzliche Infrarot-Heizfolien – man kann wahlweise in 90 Grad heißer Luft saunieren oder die sanftere Infrarot-Wärme genießen. Wellness-Addicts gönnen sich dazu Sternchen im Kabinenhimmel und Farblichtwechsler, Sphärenmusik aus integrierten Lautsprechern und/oder legen Heilsteine auf den Ofen.

▶ **Wohlfühlen lässt sich machen – aktuelle Produkte für Ihr Wellness-Bad finden Sie im Internet: www.haus.de/wellness**

Wir aalen uns in Dampf und Sprudel

Unser Bad soll mehr sein als der Raum, in dem man sich wäscht. Wir möchten Körper, Geist und Seele entspannen mit unserem liebsten Element: Wasser. Na ja, ein bisschen Technik darf uns helfen. Wir lassen uns alle Funktionen vorführen und entscheiden uns für geräuscharme Geräte mit vertretbarem Wasser- und Stromverbrauch.

Unsere Checkliste zum Abhaken:

1. *Wir liebäugeln mit einem Whirlpool und prüfen: Passt er durch die Tür, und reicht die Tragkraft der Geschossdecke? Ein typischer Whirlpool für 3 Personen wiegt im gefüllten Zustand etwa 1150 Kilogramm.* ❍
2. *Bauliche Einschränkungen und/oder unser Budget lassen lediglich eine Whirlwanne zu.* ❍
3. *Wir möchten den Körper lediglich beleben, dafür genügen Warmluft-Düsen.* ❍
4. *In unserer Familie wird viel Sport getrieben, wir wünschen uns massierende Wasserdüsen.* ❍
5. *Uns gefallen Dampfbäder – empfehlenswert nur in einem Bad mit Fenster, aus dem der Nebel abziehen kann.* ❍
6. *Wir haben leider ein fensterloses Bad und beschränken uns auf ein schickes Duschpaneel mit allen Raffinessen.* ❍
7. *Im Grunde ist uns »Trocken-Wellness« lieber – wir entscheiden uns zwischen Sauna und Infrarot-Kabine.* ❍
8. *Wir müssen erst ein bisschen sparen, planen aber das Bad schon jetzt groß genug und führen Wasser und Strom an die richtigen Stellen. So haben später ohne Umbauten alle Wunschobjekte Platz.* ❍

Unterziehen Sie einen Whirlpool vor dem Kauf einer Nassprüfung – seriöse Händler haben Vorführmodelle. Auf jedem Sitzplatz soll Ihnen das Wasser bis zur Schulter reichen. Lehnen Sie den Kopf zurück auf die Kissen – das muss möglich sein ohne Nackenstrecken. Achten Sie auch auf die Betriebslautstärke des Whirlpools – können Sie sich in normaler Lautstärke unterhalten? Nehmen Sie sich für den Komforttest mindestens eine Viertelstunde Zeit.

check

So wird das Bad wohnlich

Möbel, Spiegel und Licht platzieren, Pflanzen aufstellen, Deko und Accessoires abstimmen

Alle Materialien im Bad sollten unempfindlich sein gegen hohe Luftfeuchte und Wasserspritzer, Gardinen und Vorhänge zusätzlich die Umweltplakette tragen »schadstoffgeprüft nach Öko-Tex Standard 100« – sie geben keine Schadstoffe oder allergieauslösenden Substanzen an die Raumluft ab.

Weiß sieht frisch und sauber aus – und kalt. Farbtupfer verbreiten optische Wärme. Teilen Sie einen Kreis in 12 Segmente mit Farbabstufungen von Grün über Blau und Rot bis Gelb. Kombinieren Sie je 3 Töne, die nebeneinander liegen, oder 2 Farben, die einander exakt gegenüberstehen, und fügen einen ihrer Nachbartöne dazu.

Licht und Spiegel

Wer schön sein will, muss planen. Sonnenlicht macht die Herzen glücklich und das Bad gemütlich – Bauherren leiten Sonnenstrahlen durch mindestens ein großes Fenster ins Bad, Altbau-Renovierer schrägen dicke Fensterlaibungen ab. Beide unterstützen die Sonne durch gute Leuchten: Ein flacher Glasschirm in der Deckenmitte oder gleichmäßig verteilte Halogenlichtlein in der Deckenbekleidung spenden das Allgemeinlicht und werden in Altbauten meist außen neben der Tür geschaltet, in Neubauten auch im Bad. Spiegelleuchten erleichtern kosmetische Feinarbeiten. Das Licht sollte auf den Betrachter fallen, nicht auf die Glasfläche. Leuchten über dem Spiegel werfen Schlagschatten aufs Gesicht, auch einseitige Beleuchtung. Besser: zwei Lichtquellen in Augenhöhe links und rechts vom Spiegel. Der Gesichtsspiegel hängt am günstigsten überm Waschbecken, zeigt

Chrom-Accessoires fügen sich in jedes Bad, ergeben High-Tech-Atmosphäre im Zusammenspiel mit blitzenden Armaturen und gedeckten Wand- und Bodenfarben. Raumhohe Vorhänge und Lichtleisten mit Warmtonröhren verhindern, dass die Seele fröstelt.

Farbkonzept: Ruhe für die Augen

Stimmen Sie Vorhänge und Matten aufeinander ab und wählen Sie diese Farbe auch für Badelaken, Handtücher, Seifenschale und Zahnputzbecher. Unterschiedlich helle und dunkle Töne derselben Farbe verhindern optische Monotonie. Alternative: Deko in unterschiedlichen Farben einer Helligkeitsstufe. Scheint nur Morgensonne in Ihr Bad, machen Gelb und Rot es besonders gemütlich.

tipp

im Idealfall den gesamten Oberkörper, während rundum noch 30 bis 40 Zentimeter Spiegelfläche das eigene Konterfei rahmen. Die Kanten zwei- oder dreitüriger Spiegelschränke durchtrennen das Spiegelbild und gelten als weniger günstig. Wer sein Bad zumindest fürs Auge vergrößern möchte, verspiegelt die Flächen über Waschbecken und Wanne von Wand zu Wand oder hängt ein Exemplar so auf, dass sich das (unverhängte) Fenster und der Garten oder Himmel davor verdoppeln.

Möbel und Accessoires

Für manche der Inbegriff von Spießer-Muff: der Spiegelschrank. Designer machen heutige Modelle badfein, Ingenieure rüsten sie aus mit Komfort wie Steckdosen, Licht oder Kühlaggregat. Wer sich damit dennoch nicht anfreunden mag, wählt Schränke und Regale – Ordnung lässt kleine Bäder großzügig aussehen und unterstützt in weiten Räumen das Wellness-Feeling. Mit Oberschränken lässt sich die Fläche über Waschbecken und Wanne (Kopffreiheit zum Aufstehen einplanen!) optimal nutzen, mit einem Unterschrank der Platz um den Siphon – dafür gibt es Möbel mit einem Ausschnitt in der Rückwand. Ein extraflacher Siphon aus dem Sortiment für behinderte Menschen vermehrt

den Stapelraum. Unter Hängeschränken ist der Boden leicht zu säubern, hölzerne Möbelfüße sollten Manschetten aus Metall oder Kunststoff tragen – sonst setzen ihnen Duschpfützen und Wischwasser zu. Pragmatiker entscheiden sich für praktische und preisgünstige Möbel aus beschichtetem Holzwerkstoff oder Birke, Ahorn, Fichte oder Kiefer. Helle Oberflächen vertuschen Unachtsamkeit beim Putzen und reflektieren mehr Licht als dunkle Hölzer, die Gediegenheit und Wohlstand symbolisieren.

Feuchtwarmes Badklima lässt Pflanzen üppig sprießen. Topfuntersetzer verschonen den Bodenbelag vor hartnäckigen Schmutzringen, die Gießwasser-Überschuss hinterlassen kann.

Pflanzen

Baden unter Palmen – das hat was. Preisgünstiger als ein Flug in die Karibik ist eine Autofahrt ins Gartencenter, und das grüne Vergnügen währt langer als drei Wochen – jedenfalls mit sorgfältiger Pflanzenauswahl und -pflege.

Licht Auf der Fensterbank bekämen die meisten Pflanzen genügend Helligkeit – das Fenster muss jedoch nach jedem Dusch- oder Vollbad weit geöffnet werden, um die Raumluft zu trocknen. Wem es zu lästig ist, täglich Töpfe hin und her zu räumen, dekoriert mit einem Pflanzensolitär ab etwa 1,50 Meter Höhe einen freien Platz am Boden oder mit niedrigeren Exemplaren in kleinen Gefäßen Schränke und Regale, den Wannenrand oder die

Pflanzenpflege				
botanischer Name/ deutscher Name	**optimaler Standort**	**relative Luftfeuchte**	**maximale Sommer-temperatur**	**maximale Winter-temperatur**
Anthurium/ Flamingoblume	halbschattig	60 Prozent	20 Grad	20 Grad
Cyperus/ Zyperngras	hell bis halbschattig	50–60 Prozent	20 Grad	20 Grad
Aphelandra/ Glanzkölbchen	hell	50–60 Prozent	20 Grad	22 Grad
Dieffenbachia/ Dieffenbachie	hell bis halbschattig	60 Prozent	20 Grad	25 Grad
Saintpaulia/ Usambaraveilchen	halbschattig	60 Prozent	16 Grad	20 Grad
Billbergia/ Zierhafer	halbschattig	50–60 Prozent	20 Grad	20 Grad
Pandanus/ Schraubenbaum	halbschattig	60 Prozent	20 Grad	22 Grad
Paphiopedilum/ Venusschuh	schattig	über 60 Prozent	16 Grad	22 Grad
Peperomia/ Zwergpfeffer	schattig	50–60 Prozent	20 Grad	22 Grad

Ablage, die sich durch eine Vorwand-Installation ergibt. Badenixen und Warmduscher mit grünem Daumen kontrollieren dort per Lichtmesser, ob die Pflanze mindestens 800 bis 1000 Lux Helligkeit abbekommt. Wo nicht, investiert man hundert Euro für eine spezielle Pflanzenleuchte und lässt die Kunstsonne gut zehn Stunden täglich scheinen.

Klima Badedampf und Heizungswärme gaukeln Zimmerpflanzen tropisches Klima vor. Zwischen Wanne und WC gedeihen am üppigsten Blätter und Blüten, deren Heimat einst der Dschungel war: Bananenbaum und Birkenfeige, Orchidee, Philodendron, Usambaraveilchen und Zyperngras. Wer wenig Platz hat zum Aufstellen von Blumentöpfen, webt einen grünen Vorhang von oben – aus Hängepflanzen wie Efeu und Grünlilie, Tillandsie oder Zierspargel.

Erde Über Blumenerde legt sich im fast dauerfeuchten Badklima leicht ein weißlicher Schimmelmantel. Hydrokulturen mit Tonkügelchen sind hygienischer und verschmutzen außerdem nicht Wandbelag und Boden, wenn versehentlich ein Schwall Brausewasser über die Pflanze schwappt.

▶ **Grün macht glücklich: Wie Pflanzen das Raumklima verbessern, lesen Sie online unter www.haus.de/zimmergarten**

Jetzt wird das Bad gemütlich

Unserem Badevergnügen steht nichts mehr im Weg – die Technik ist montiert, die Sanitärobjekte stehen schick und neu an ihrem Platz. Möbel und Beleuchtung, Pflanzen und Dekoration runden die Einrichtung ab und puffern die optische Kühle.

Unsere Checkliste zum Abhaken:

1. *Unser Bad soll eine repräsentative Note bekommen mit Möbeln aus gediegenem, dunklem Holz.* ❍
2. *Wir wünschen uns ein »junges« Bad mit farbigen Möbeln aus Kunststoff oder pastelligen Glastüren.* ❍
3. *Wir haben nur noch wenig Stellfläche übrig und entscheiden uns für einen Container auf Rollen – er lässt sich variabel parken, wo er gerade am wenigsten stört.* ❍
4. *Wir erwägen den Einbau eines Lichtdimmers. So lässt sich das Licht ein- und ausknipsen und zusätzlich die Helligkeit der Glühlampe regeln von gleißend hell für die Rasur bis schummrig für ein entspannendes Schaumbad.* ❍
5. *Wo Grünzeug Platz hätte, bekommt es zu wenig Licht. Wir montieren eine extra Pflanzenleuchte.* ❍
6. *Unordnung lässt ein Bad kleiner aussehen – wir verstauen die Pflegeutensilien hinter Schranktüren und dekorieren lediglich ein kleines Tischchen oder Regal mit Accessoires, die den Stil unseres Badezimmers ergänzen.* ❍
7. *Wir achten auf Wohlfühl-Klima, lassen das Bad nie unter 16 Grad abkühlen (Schimmelgefahr) und lassen feuchte Luft durchs weit geöffnete Fenster ins Freie.* ❍

Wir fühlen uns wohl, wo Temperatur und Feuchtigkeit harmonieren – im Badezimmer bei 19 bis 23 Grad Wärme und 40 bis 70 Prozent Luftfeuchte. Man misst die Werte mit Thermo- und Hygrometer, beides gibt es in Optikerläden. Ist es zu feucht, droht Schimmel: im Sommer gut lüften durchs weit geöffnete Fenster, im Winter stärker heizen und nach Verlassen des Bades das Heizkörperventil schließen, während man 10 Minuten lang kalte Luft ins Bad lässt.

check

Hersteller-adressen

Bette
Heinrich-Bette-Straße 1
33129 Delbrück
Telefon: 05250 – 511-0
Fax: 05250 – 511-130
e-mail: info@bette.de
www.bette.de

Cortex
Am Schallerseck 32
90765 Fürth
Telefon: 0911 – 936 35-0
e-mail: cortex@cortex.de
www.cortex.de

Danfoss
Carl-Legien-Straße 8
63073 Offenbach
Telefon: 069 – 47 868-500
e-mail: waerme@danfoss-sc.de
www.danfoss.de

Deutsche Steinzeug AG
Agrob Buchtal Jasba
Servaisstraße
53347 Alfter-Witterschlick
Telefon: 0228 – 391-1006
Fax: 0028 – 391-30 10 06
e-mail: info@deutsche-steinzeug.de
www.deutsche-steinzeug.de

Dornbracht
Köbbingser Mühle 6
58640 Iserlohn
Telefon: 02371 – 433-0
e-mail: info@dornbracht.de
www.dornbracht.com

Duravit
Werderstraße 36
78132 Hornberg
Telefon: 07833 – 70-0
e-mail: duravit@duravit.de
www.duravit.de

Duscholux
Industriestraße 1
69198 Schriesheim
Telefon: 06203 – 102-0
e-mail: info@duscholux.de
www.duscholux.de

FEP
Flutgraben 2
53604 Bad Honnef
Telefon: 02224 – 93 77-0
e-mail: verband@parkett.de
www.parkett.de

Geberit
Theuerbachstraße 1
88630 Pfullendorf
Telefon: 07552 – 934-1
e-mail: sales.de@geberit.com
www.geberit.de

Glamü
Mobilstraße 2
79423 Heitersheim
Telefon: 07634 – 520-0
e-mail: contact@glamue.de
www.glamue.de

Grohe
Industiriepark Edelburg
58675 Hemer
Telefon: 02372 – 93-0
Fax: 02372 – 93-1322
e-mail: info@grohe.com
www.grohe.com

Hansa
Sigmaringer Straße 107
70567 Stuttgart
Telefon: 0711 – 16 14-0
e-mail: info@hansa.de
www.hansa.de

Hansgrohe
Auestraße 5–9
77761 Schiltach
Telefon: 07836 – 51-0
e-mail: info@hansgrohe.de
www.hansgrohe.de

HDM
Am Schürmannshütt 23
47441 Moers
Telefon: 02841 – 14 0-10
e-mail: info@hdm.info
www.elesgo.de

High Tech
Landsberger Straße 146
80338 München
Telefon: 089 – 54 09 45-0
e-mail: info@hightech.ag
www.hightech.ag

Hoesch
Postfach 10 04 24
52304 Düren
Telefon: 02422 – 54-0
e-mail: info@hoesch.de
www.hoesch.de

ICI/Dulux
Düsseldorfer Straße 96 – 100
40721 Hilden
Telefon: 02103 – 205 800
e-mail: paints_deco_de@ici.com
www.icipaints.de

Ideal Standard
Euskirchener Straße 80
53121 Bonn
Telefon: 0228 – 521-0
e-mail: idealstandard.de@aseur.com
www.idealstandard.de

Jörger
Seckenheimer Landstr. 270-280
68163 Mannheim
Telefon: 0621 – 41 09 70-1
e-mail: info@joerger.de
www.joerger.de

Klafs
Erich-Klafs-Straße 1–3
74523 Schwäbisch-Hall
Telefon: 0791 – 501-0
www.klafs.de

Molto
ICI Paints Deco GmbH
Düsseldorfer Straße 96 – 100
40721 Hilden
Telefon: 02103 – 205 800
www.molto.de
www.icipaints.de

Obermaier
Maximiliansplatz 10
80333 München
Telefon: 089 – 48 00 06 22
Fax: 089 – 48 00 06 49
e-mail: contact@obermaier.de
www.obermaier.de

obi@otto.de
Alter Teichweg 25
22081 Hamburg
Telefon: 0180 – 50 30 003
e-mail: info.obi@otto.de
www.obiatotto.de

Rigips
Schanzenstraße 84
40549 Düsseldorf
Telefon: 0211 – 55 03-0
Fax: 0211 – 55 03-208
www.rigips.de

Roca
Feincheswiese 17
56424 Staudt
Telefon: 02602 – 93 61-0
www.roca.es

Rotho
Albtalstraße 46
79837 St. Blasien
Telefon: 07672 – 92 21-0
e-mail: group@rotho.com
www.rotho.com

Schell
Postfach 18 40
57448 Olpe
Telefon: 02761 – 89 20
Fax: 02761 – 89 21 99
e-mail: schell-armaturen@t-online.de
www.schell-armaturen.de

Schubert
Schrobenhausener Straße 132–133
85051 Ingolstadt
Telefon: 0841 – 97 47 40
e-mail: schubert@schubertdesign.de
www.schubertdesign.de

Silgmann
Kreuzederstraße 6
83395 Freilassing
Telefon: 08654 – 21 32
Fax: 08654 – 66 672
e-mail: office@silgmann.com
www.silgmann.com

Sprinz
Goethestraße 36
88214 Ravensburg
Telefon: 0751 – 379-0
e-mail: info@glas-sprinz.de
www.glas-sprinz.de

Steuler
Industriestraße 77
75417 Mühlacker
Telefon: 07041 – 801-110
Fax: 07041 – 801-210
www.steuler-fliesen.de

Teuco
Industriestraße 161 c
50999 Köln-Rodenkirchen
Telefon: 02236 – 74 780
Fax: 02236 – 74 78 29
e-mail: info@teuco.de
www.teuco.de

Tylö
Gottlieb-Daimler-Straße 30–34
28816 Stuhr-Groß Mackenstedt
Telefon: 0421 – 87 76 126
e-mail: info@tylo.de
www.tylo.de

Ultrament
Postfach 23 01 50
45069 Esssen
Telefon: 02041 – 69 09 39
e-mail: info@ultrament.de
www.ultrament.de

Viessmann
Viessmannstraße 1
35107 Allendorf
Telefon: 06452 – 70-0
e-mail: info@viessmann.com
www.viessmann.de

Villeroy & Boch
Postfach 12 30
66689 Mettlach
Telefon: 06864 – 81 15 00
e-mail: info@villeroy-boch.com
www.villeroy-boch.com

Wieland
Graf-Arco-Straße 36
89079 Ulm
Telefon 0731 – 944-0
e-mail: info@wieland.de
www.wieland-haustechnik.de

Wolf
Industriestraße 1
84048 Mainburg
Telefon: 08751 – 74-0
Fax: 08751 – 74-600
www.wolf-heiztechnik.de

Zehnder
Almweg 34
77933 Lahr
Telefon: 07821– 586-0
e-mail: info@zehnder-online.de
www.zehnder-online.de

Abbildungsverzeichnis

Wir danken für das Bildmaterial:

Fotos:
Archiv DAS HAUS (S. 89), R. Blunck/DAS HAUS (S. 27 Mitte, 65 Nr. 1, 65 Nr. 5), W. Nörenberg/DAS HAUS (S. 18, 19, 28 Nr. 4), Getty Images (S. 56), M.Thomsen/Zefa/Corbis (S. 21, 29, 37, 38, 47, 55, 67, 75, 85, 91), Sanoma/Paul Grootes (S. 86), R.Schmutz/DAS HAUS (S. 65 Nr. 4)

Umschlagabbildungen
Umschlagvorderseite: Kaldewei/Vogelsänger Studios, Planung: Joceline Busch. Buchrücken: Glamü. Umschlagrückseite: Ideal Standard (oben), Geberit (unten). Vordere Umschlagklappe innen: Archiv DAS HAUS. Hintere Umschlagklappe innen: Archiv DAS HAUS

Illustrationen:
G. Franke/DAS HAUS (S. 35 unten, S. 36), DAS HAUS/Drewlo/Kollmer (S. 25), Jürgen Kirchner/DAS HAUS (S. 24,)

Firmenfotos und Illustrationen:
Bette (S. 41), Buderus (S.35), Cortex (S. 60 Nr. 4), Danfoss (S. 30), Deutsche Steinzeug/Agrob Buchtal (S. 64 Nr. 1, 2), Deutsche Steinzeug/Jasba (S. 28 Nr. 3), Dornbracht (S. 53, 81 Nr. 5), Duravit (S. 10, 12, 40, 46 Nr. 1, 2, 51, 64 Nr. 6, 81 Nr. 2, 88), Duscholux (S. 26, 27 unten, 44, 68, 71 Nr. 1, 4, 5, 79), FEP (S. 28 Nr. 1), Geberit (S. 3 oben und unten, 7, 46 Nr. 3, 63, 64 Nr. 5), Glamü (S. 72), Grohe (S. 50 Nr. 4, 71 Nr. 3), Hansa (S. 48, 54 Nr. 1), Hansgrohe (S. 9, 28 Nr. 2, 43, 54 Nr. 2-4), HDM (S. 60 Nr. 3, 64 Nr. 3), High Tech (S. 50 Nr. 3), Hoesch (S. 42 Nr.1-3, 81 Nr. 3), ICI/Dulux (S. 65 Nr. 3), Ideal Standard (S. 4, 11, 50 Nr. 1), Initiative Solarwärme Plus (S.35), Jörger (S. 6), Klafs (S. 83), Molto (S. 73 Nr. 1), Obermaier (S. 50 Nr. 2), obi@otto (S. 84 unten), Rigips (S. 14), Roca (S. 45), Rotho (S. 71 Nr. 2), Schell (S. 71 Nr. 6), Schubert (S. 60 Nr. 2), Silgmann (S. 84 oben), Sprinz (S. 2, 33, Nr. 3, 4, 64 Nr. 4), Steuler (S. 27 oben, 60 Nr. 1), Teuco (S. 81 Nr. 1), Tylö (S. 80), Ultrament (S. 61, 65 Nr. 2, 6), Viessmann (S. 32 oben), Villeroy & Boch (S. 22, 62, 76, 78), Wieland/Cuprotherm (S. 59 oben), Wolf (S. 32 unten), Zehnder (S. 8, 33 Nr. 1, 2)

Impressum

Herausgeber:
Redaktion DAS HAUS
Text: Beate Bühl
Fachliche Beratung:
Dipl.-Ing. Bettina Seeger und
Dipl.-Ing. Matthias Ullmann

Streitfeldstraße 35, 81673 München
www.callwey.de
E-Mail: buch@callwey.de

Die Deutsche Bibliothek verzeichnet diese Publikation in der Deutschen Nationalbibliografie; detaillierte bibliografische Daten sind im Internet über http://dnb.ddb.de abrufbar.

ISBN 10: 3-7667-1676-X
ISBN 13: 978-3-7667-1676-7

Projektleitung:
Dr. Marcella Baur-Callwey

Lektorat: Dipl.-Biol. Adriane Andreas
Umschlaggestaltung und Layout:
Grafikhaus, München
Druck und Bindung:
Kastner & Callwey, Forstinning

Printed in Germany 2006

Träume sind zum Machen da.
Willkommen zu Hause. Lassen Sie sich von Das Haus mit vielen Tipps und Ideen rund ums Bauen, Wohnen und schöner Leben jeden Monat aufs Neue inspirieren. Mehr Infos auch unter www.haus.de
Das Haus
BAUEN • WOHNEN • SCHÖNER LEBEN
www.haus.de
Gartenzaun bauen
Heimkino-Tipps
Terrassen-Pflaster
Stauden pflanzen
Konzepte für Wohn-Starter